KB089039

난처한 심리학개론

난처한 심리학개론

2023년 5월 15일 초판 1쇄 인쇄
2024년 4월 15일 초판 2쇄 발행

글 임현규
그림 이주신
구성 월붓·임현규
감수 김청택
편집 엄귀영·권도민
디자인 김진운
본문조판 홍영사
마케팅 김현주

펴낸이 윤철호
펴낸곳 (주)사회평론아카데미
등록번호 2013-000247(2013년 8월 23일)
전화 02-326-1545
팩스 02-326-1626
주소 03978 서울특별시 마포구 월드컵북로6길 56(4층)
이메일 academy@sapyoung.com
홈페이지 www.sapyoung.com

난생 처음
한번
공부하는

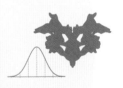

난처한
심리학개론

임현규 글 | 이주신 그림
월봇·임현규 구성 | 김청택 감수

사회평론아카데미

만화로 시작하는 진짜 심리학

심리학은 오해를 많이 받는 학문입니다. 아주 단순하게는 독심술 같은 걸 익히는 학문이라고 오해하는 경우도 있죠. 다행히 요새는 심리학 대중서가 많이 나와 있어서 "심리학을 전공한다고? 그럼 내 마음을 읽어 봐."같은 반응은 줄어든 것 같습니다. 하지만 여전히 심리학이라고 하면 프로이트만을 떠올리거나 성격 분류를 하는 학문이라고만 생각하는 경우도 많습니다. 물론 그것도 심리학의 한 부분이긴 하지만 이 학문의 전체 모습을 잘 대표한다고 하기는 어렵죠.

사실 심리학은 전공자들도 한마디로 설명하기 어려워하는 학문입니다. 그 하위 분야들의 모습이 매우 다르고 꽤 이질적이기 때문입니다. 인지심리학, 성격심리학, 발달심리학, 임상심리학 등은 심리학의 주요 분야이지만 그 연구 대상과 내용, 방식은 상당히 다릅니다. 그래서 심리학은 '마음'이라는 대상과 '과학적 연구'라는 방법론을 공통 고리 삼아 서로 다른 연구 분야들이 느슨하게 묶여 있는 학문이라고 보기도 하죠.

이러한 심리학을 좀 더 많은 사람들이 제대로 그리고 쉽게 알 수 있도록 해보자는 것이 이 책의 출발점이었습니다. 그리고 심리학의 진짜 모습을 알려주기 위해서는 대학에서 교재로 사용되는 개론서의 내용을 기준으로 삼는 것이 좋겠다고 판단했습니다. 하지만 딱딱하고 두꺼운 개론서를 읽는다는 건 너무 부담스럽죠. 전공자들조차 한 학기에 걸쳐서 읽고 배우는 책입니다. 그래서 누구나 쉽게 이해하고 부담없이 페이지를 넘길 수 있도록 만화로 전달하는 방식을 채택하게 되었습니다. 어려운 실험과 연구도 만화로 보면 좀 더 쉽게 이해할 수 있고, 이름을 외우기도 어려웠던 학자들도 캐릭터처럼 좀 더 친근하게 느껴지리라 생각합니다.

이 책만으로 심리학이라는 학문의 모든 면모를 다 알 수는 없습니다. 하지만 호기심 가득한 독자들이 '마음의 과학'이라는 심리학의 정체를 파악하는 데는 훌륭한 안내서가 될 것이라고 감히 생각해 봅니다. 심리학과 지원을 고민 중인 고등학생, 심리학 관련 교양 수업을 듣는 대학생, 그리고 심리학을 제대로 알아보고 싶은 일반인들에게 모두 도움이 될 것입니다.

그림을 그린 이주신 작가님, 콘티를 구성한 월붓 작가님 그리고 사회평론아카데미의 여러 편집자들의 노고가 있었기에 이렇게 책이 완성될 수 있었습니다. 콘티 단계부터 아이디어를 검토해 주신 충남대 한석원 교수님 그리고 책을 감수하고 추천사를 써주신 서울대 심리학과 김청택 교수님께 지면을 빌어 다시 한번 깊은 감사의 말씀을 드립니다.

이 책은 『만만한 심리학개론』이라는 이름으로 처음 나왔다가 『난처한 심리학개론』으로 이름이 바뀌어 사회평론 '난생 처음 한번 공부하는' 시리즈의 하나가 되었습니다. 이 시리즈의 이름처럼 난생 처음 공부하느라 난처한 분들에게 더욱 널리 읽히고 도움이 되길 바랍니다.

2023년 봄
임현규

차례

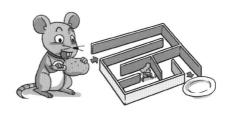

등장인물 소개

김만능 교수

사평대학교 교양학부 교수. 어려운 내용을 쉽고 재미있게 전달해 학생들에게 인기가 높다. 엉뚱한 질문에도 친절하게 대답해주며 의욕이 넘치는 교수이다. 하지만 간혹 의욕이 과해 수업계획서 범위를 넘어선 내용까지 가르치려다 시간이 모자랄 때가 있다.

정슬기

사평대학교 자유전공학부 1학년 학생. 공부에 의욕이 넘치는 학생이다. 막연히 과학자의 꿈을 품고 있었는데, 자유전공학부로 입학해 다양한 학문을 접하다 보니 더욱 고민이 많아졌다. 질문하기를 두려워하지 않는 적극적인 학생이지만 가끔 자기만의 세계에 빠질 때가 있다.

안우수

사평대학교 자유전공학부 1학년 학생. 아직은 노는 걸 더 좋아하는 신입생이고 수업이 지루하면 졸기도 한다. 하지만 이해가 빠르고 핵심을 잘 짚어서, 열정적인 선생님을 만나면 지식을 쏙쏙 흡수할 수 있는 타입이다. 먹는 걸 좋아해서 음식으로 비유하는 걸 좋아한다.

01

PSYCHOLOGY

심리학이란

심리학의 성립과 전파

심리학은 독심술이 아니다

심리학자가 어떤 사람이 어떤 생각을 품고 있는지 추측할 때도 있는데요.

거 봐! 독심술 맞잖아~

하지만 이것은 사람의 말과 행동을 근거로 심리학이 밝혀낸 원리에 비추어 추리하는 것일 뿐입니다. 특별한 비법을 사용하거나 신비스러운 방식으로 알아내는 게 아니죠.

근심이 많아서 잠도 안 오고 그러지?

그, 그걸 어떻게 아셨어요?

그러니까 찾아왔겠지.

심리학은 척 보면 딱 하고 사람의 마음을 읽어내는 기술 같은 게 아닙니다.

앞으로 알게 되겠지만 인간의 마음이라는 건 그렇게 간단하지 않아요. 우리 스스로도 마음이 어떻게 작동하는지 잘 알지 못하고 오해하고 있을 정도로 말이죠.

독심술처럼 보이는 술수는 단편적인 단서들과

누구에게나 들어맞는 얘기를 그럴듯하게 뒤섞어 늘어놓는 것에 불과합니다.

내 말 맞지?

독심술이 아니었네

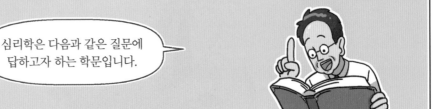

심리학은 다음과 같은 질문에 답하고자 하는 학문입니다.

심리학이 답하고자 하는 질문

지각심리학

왜 물리적으로 같은 밝기가 다르게 보일까?

학습심리학

번번이 잃기만 하는 도박, 왜 중독되는 걸까?

인지심리학

시끄러운 곳에서 어떻게 자기 이름을 부르는 건 알아들을까?

발달심리학

왜 아기의 분리불안은 1세 즈음에 유독 심할까?

성격심리학·심리검사

사람의 성격은 어떻게 분류하고 측정하는 걸까?

이상·임상·상담심리학

마음의 병이란 무엇이고, 어떻게 치료할 수 있을까?

사회심리학

평범한 사람이 어떻게 끔찍한 고문을 저지르게 되는 걸까?

심리학의 분야

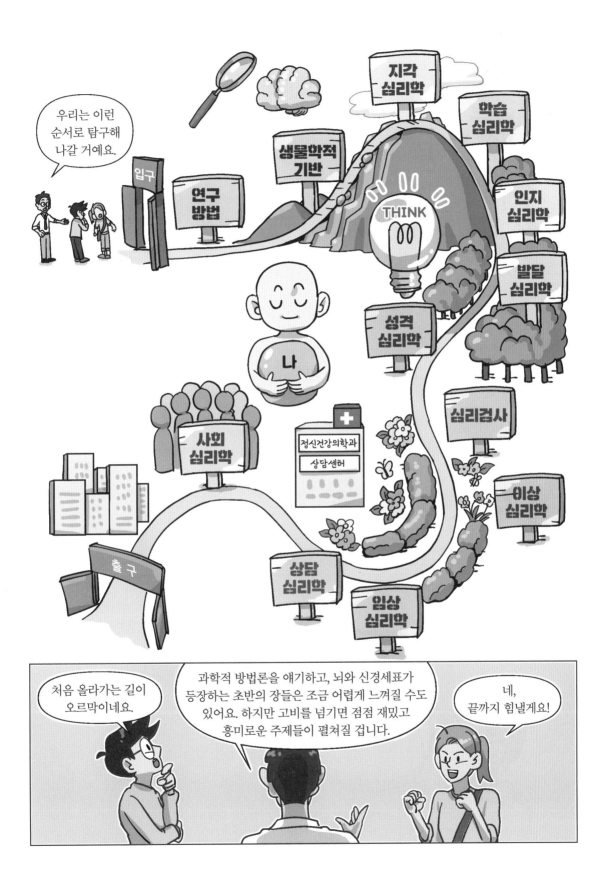

그런데 이 순서로 배우는 이유가 있을까요?

나도 궁금.

연구방법 같은 기초를 쌓고, 이론을 배운 다음, 응용 지식을 익히는 게 자연스러운 순서이기 때문입니다.

심리학이라고 하면 임상이나 상담 같은 분야를 먼저 떠올리겠지만 응용 분야라서 뒤쪽에서 배우게 됩니다.

기초
이론
응용

참고로 사회심리학은 이론 분야이지만 주로 한 개인에 집중하는 다른 분야와 달리 사람들 간의 상호작용에 주목합니다. 따라서 이 책의 마지막에 다룰 거예요.

사회 심리학

그럼 기초부터 시작해볼까요? 심리학이라는 학문의 시작과 정의, 연구방법, 그리고 기본적으로 알아야 할 생물학적 지식이 기초라 할 수 있습니다.

연구방법과 생물학이라니… 부담되네요.

심리학 기초
학문의 시작과 정의
연구방법
생물학적 지식

기초인데 기초 같지 않달까…

심리학을 배우기 위한 토대라서 기초라고 하는 거지 쉬워서 기초는 아니에요. 많은 학생들이 어려워하는 내용인데, 최대한 쉽게 설명해보겠습니다.

개론서들을 보면 대개 심리학의 시작은 1879년이라고 나옵니다.

…심리학의 시작 1879년

왜 하필 1879년이죠? 그해에 무슨 일이 있었나요?

슥

분트와 심리학의 시작

그때 내가 세계 최초로 심리학 실험실을 열었거든.

으악! 깜짝이야! 누구세요?!

분트 선생이 직접 등장하셨네요.

분트부터 시작해서 심리학의 초창기 얘기를 해볼까요?

휴

빌헬름 분트는 1832년 독일에서 태어났습니다. 그는 철학과 생리학을 공부하고 라이프치히 대학교에서 교수가 되었는데요.

실험심리학을 강의하고 싶소.

심리학? 그게 뭐요? 지금은 인류학, 논리학, 언어 등을 학생에게 잘 가르쳐 주면 되오.

우리도 땅 따서 장사할 순 없지 않소?

대학 총장

그러다 분트는 1879년에 드디어 자신이 원하던 심리학 실험실을 세우게 되었고, 심리학 강의도 시작합니다.

심리학 실험실

그의 강의는 매우 인기가 많아서 수강생이 250명을 넘기도 했습니다.

이 강의가 그렇게 인기라며?

웅성

웅성

뭘 가르치는 건데?

심리학이라는 최신 학문인가 봐.

사무실 한 칸에서 시작한 심리학 실험실은 3년 만에 11개 교실로 늘어나고, 1897년에는 건물 한 채를 통째로 쓰게 됩니다.

심리학 실험실을 찾고 있어요.

저 건물이에요.

대성공이야!

마음을 과학적으로 연구하는 것, 그게 분트가 시작한 새로운 학문의 정의였죠.

과학이 되려면 객관적으로 측정할 수 있어야 해.

째깍   째깍

분트는 마음을 객관적으로 관찰하고 측정하기 위해 **내성법**(introspection)을 활용했습니다.

내성(內省)

intro + spect
안으로   보다
= 스스로의 마음을 조사하는 것

과학 실험을 하듯이 정신 활동을 관찰하고 측정해야 해.

뚝딱   뚝딱   뚝딱

분트는 괘종시계로 다음과 같은 기구를 만들어 실험을 했습니다.

① 시계추가 움직여 눈금 끝에 도달하면 종이 울립니다.

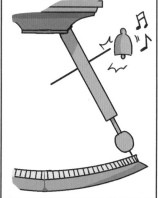

② 종소리를 듣고 시선을 눈금으로 향합니다.

휙!

③ 종소리를 듣고 시선을 돌리기까지 시간이 걸리기 때문에 가장자리에서 어느 정도 떨어진 눈금을 읽게 됩니다.

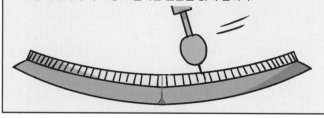

④ 그 눈금의 수치를 통해 소리를 듣고 주의를 돌리기까지 정신 활동에 소요되는 시간을 측정할 수 있습니다.

아, 내 마음이 소리에 반응하는 데 이 정도 시간이 걸리는구나.

에빙하우스와 망각곡선

분트보다 조금 늦게 심리학 실험실을 세운 헤르만 에빙하우스도 자신을 대상으로 정교한 측정을 한 것으로 유명합니다.

헤르만 에빙하우스

그는 무의미한 단어들로 목록을 만들어 암기한 후 망각이 일어나는 속도를 측정했습니다.

목록
WID
ZOF
TIB
CUG
BAV
NEZ

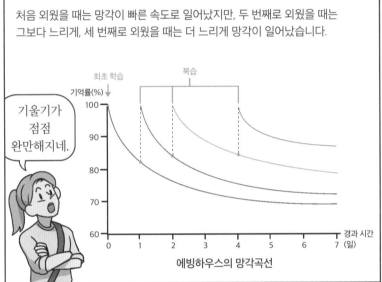

처음 외웠을 때는 망각이 빠른 속도로 일어났지만, 두 번째로 외웠을 때는 그보다 느리게, 세 번째로 외웠을 때는 더 느리게 망각이 일어났습니다.

기울기가 점점 완만해지네.

에빙하우스의 망각곡선

이 발견을 복습에 활용하면 효율적인 학습을 할 수 있습니다.

학습 복습

처음 배우고 나서는 복습을 빨리 하는 게 좋고 나중엔 간격을 늘려도 된다는 것이죠.
에빙하우스의 연구는 100년도 넘은 것이지만, 여전히 의미가 있고 학습에 대해 중요한 정보를 제공하고 있습니다.

수업한 날

배운 지 얼마 안 된 지금, 어서 복습을 해놔야 돼.

열심

며칠 후

미리 복습을 해놨더니

기억이 잘 나네.

여유 여유

심리학의 전파

그동안 정신 활동은 철학자들의 연구 대상일 뿐 과학적 연구는 어렵다고 여겨졌습니다. 그런데 분트를 비롯해 심리학을 개척한 이들은 마음을 과학적으로 연구할 수 있음을 보여주었죠.

침대는…. 아니,

마음은 과학입니다.

많은 이들이 새로운 학문을 배우러 분트의 연구실로 찾아왔습니다. 분트는 열정적으로 그들을 가르쳤죠.

내가 심사한 박사학위 논문만 186편이야.

분트의 영국인 제자인 에드워드 티치너는 미국으로 건너가 내성법을 핵심으로 하는 **구성주의**라는 사조를 꽃피우기도 했습니다.

가즈아~!!

내성법

구성주의

구성주의란 의식의 기본적인 구성요소를 연구함으로써 정신의 작동 원리를 알아낼 수 있다는 연구 철학인데요.

흠! 이 사과에 대한 나의 마음은…

색

촉감

형태

무게

먹고 싶다

구성주의는 심리학의 대상과 연구방법을 너무 좁게 한정한 나머지 티치너 사후 금세 쇠퇴하고 말았죠.

내가 죽으면서 구성주의도 끝났지.

구성주의의 수호자 여기에 잠들다

그래서 미국을 대표하는 심리학자로는 구성주의자 티치너보다는 기능주의자 윌리엄 제임스를 꼽는답니다.

내가 바로 '미국 심리학의 아버지'라네.

윌리엄 제임스

기능주의는 정신작용을 '환경에 적응하기 위한 기능'이라고 보는 관점입니다.

적응과 기능! 나의 진화론이 제임스에게 영감을 주었지.

마음과 환경의 관계를 봐야지 내성법에만 의존하는 건 한계가 있어.

찰스 다윈

지각, 기억, 감정 같은 정신작용은 외부 환경에 적응하며 살아가기 위한 기능이라는 것이죠.

빨갛다 = 익었다 ⇒ 먹어도 된다
(지각)   (판단)   (생존)

제임스는 물체 지각부터 종교에 이르기까지 다양한 주제로 글을 쓰며 심리학의 지평을 넓혔습니다.

심리학에서도 손꼽히는 유명한 책이라네.

심리학의 원리
The Principles of Psychology

by 윌리엄 제임스

여기까지 심리학의 여명기를 간단히 살펴봤는데요.

분트의 연구를 심리학의 출발로 보는 이유가 무엇일까요?

과학적으로 연구해서요!

맞아요.

음, 마음을 연구해서요?

심리학의 각 분야들은 서로 연구 주제와 성격이 매우 다릅니다. 신경세포의 구조와 상담을 한 학과에서 배운다는 것은 놀라운 일이죠.

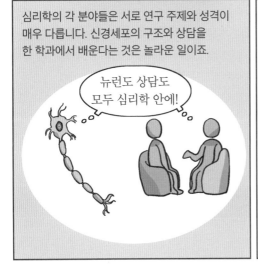

뉴런도 상담도 모두 심리학 안에!

이를 묶어주는 공통점이 바로 마음을 과학적으로 연구하려 한다는 점입니다.

다음 강의에서는 심리학의 연구방법에 대해 알아볼게요.

네~!

01 | 3분 정리 심리학이란

요약 노트 *Summary*

심리학이란? → 인간의 마음이 어떻게 작동하는지 과학적으로 탐구하는 학문이다.

심리학의 시작 → 1879년 독일의 빌헬름 분트가 최초로 심리학 실험실을 세운 때를 독립된 학문 분과로서의 심리학이 탄생한 때라고 본다. 분트는 자신의 마음을 관찰하고 측정하는 내성법을 사용했다.

→ 헤르만 에빙하우스 역시 내성법을 활용했고 기억과 망각을 연구했다. 에빙하우스가 도출한 망각곡선에 따르면, 새로 학습한 내용은 시간이 지남에 따라 손실되지만, 복습을 거듭할수록 잊히는 속도가 느려진다.

심리학의 전파 → 영국 출신의 에드워드 티치너는 분트에게서 배운 후 미국으로 건너가 심리학을 교육하고 전파했다. 티치너는 의식의 기본적인 구성요소를 연구하면 정신을 이해할 수 있다는 구성주의를 대표하는 학자였고, 내성법을 주로 활용했다. 하지만 구성주의는 연구 대상과 방법이 제한적인 탓에 티치너 사후 쇠퇴했다.

→ 윌리엄 제임스는 '미국 심리학의 아버지'로 불리는 학자이다. 다윈의 진화론으로부터 영향을 받았으며, 정신 활동을 환경에 적응하기 위한 기능으로 보는 관점인 기능주의를 주장했다. 제임스는 지각부터 종교에 이르기까지 다양한 주제에 대해 글을 쓰며 심리학의 지평을 확장했다.

주요 학자 *Scholars*

빌헬름 분트 Wilhelm Wundt · 1832~1920

독일 출신의 철학자·생리학자·심리학자. 분트가 라이프치히 대학교에 심리학 실험실을 연 1879년을 현대 심리학의 시작이라고 본다. 심리학의 아버지라 여겨지며, 많은 제자를 배출해 신생 학문인 심리학의 확산에 크게 기여했다. 내성법과 정교한 측정 도구를 활용해 기초적인 정신 활동을 연구한 것으로 유명하며, 말년에는 문화심리학 연구에 매진했다.

헤르만 에빙하우스 Hermann Ebbinghaus · 1850~1909

독일 출신의 심리학자. 기억과 망각에 대한 연구를 개척했다고 평가되며, 엄격한 실험 연구를 통해 도출해낸 망각곡선이 유명하다. 세 글자로 된 2,300개의 무의미 단어 목록을 암기해가며 도출한 에빙하우스의 연구 결과는 오늘날에도 학습에 시사하는 바가 크다.

에드워드 티치너 Edward Titchener · 1867~1927

영국 출신의 심리학자. 독일의 빌헬름 분트에게서 수학했으며 이후 미국으로 건너가 코넬 대학교의 교수가 되어 죽을 때까지 미국에서 활동했다. 내성법을 이용해 의식의 기본 요소를 연구하는 구성주의 사조를 대표하는 학자이다.

윌리엄 제임스 William James · 1842~1910

미국의 철학자이자 심리학자. 미국에서 최초로 심리학 강의를 한 사람으로 미국 심리학의 아버지로 여겨진다. 다윈의 진화론에 영향을 받아 정신 활동을 환경에 대한 적응으로 해석하는 기능주의를 주창했다. 철학자 찰스 S. 퍼스와 함께 실용주의 철학을 탄생시킨 학자이기도 하다.

찰스 다윈 Charles Darwin · 1809~1882

영국의 생물학자이자 지질학자. 비글호를 타고 5년간 세계의 자연을 탐사한 후 『종의 기원(On the Origin of Species)』(1859)을 세상에 내놓았다. 생물의 환경 적응에 대한 다윈의 진화론은 생물학을 넘어서 다양한 분야에 큰 영향을 주었다.

퀴즈 *Quiz*

01 독립된 학문 분야로서의 심리학은 독일의 학자 ＿＿＿＿＿＿＿＿＿＿＿＿이(가) 심리학 실험실을 연 1879년에 탄생한 것으로 여겨진다.

02 헤르만 에빙하우스는 거듭해서 외울수록 망각이 느리게 일어난다는 것을 발견하였다. 그가 연구에 사용한 방법은 자기 자신을 대상으로 측정을 하는 ＿＿＿＿＿＿＿ 이었(였)다.

03 영국 출신 심리학자 에드워드 티치너는 빌헬름 분트에게서 배운 후 미국에서 교편을 잡았다. 티치너는 의식의 구성요소를 내성법으로 연구하는 ＿＿＿＿＿＿＿＿＿＿＿ 사조를 대표하는 학자이다.

04 구성주의와 기능주의에 대한 설명으로 옳지 않은 것은 무엇인가?

① 구성주의에 따르면 마음은 낱낱의 구성요소로 나누어 연구하는 것이 좋다.

② 기능주의는 정신활동을 외부 환경에 적응하기 위한 기능으로 보았다.

③ 구성주의는 티치너 사후에도 많은 지지를 받아 확산되었다.

④ 기능주의를 주창한 윌리엄 제임스는 찰스 다윈의 영향을 받았다.

'심리학' 하면 프로이트 아닌가요?

많은 사람들이 심리학이라고 하면 지그문트 프로이트(Sigmund Freud)의 이름을 떠올립니다. 그러나 프로이트는 심리학의 시조가 아니라 정신분석학의 시조입니다. 정신분석은 'psychoanalysis'의 번역어인데 이는 '심리분석'으로도 번역할 수 있습니다. 정신분석학은 마음속 욕망의 충돌이 인간의 행동 양식을 만든다고 보며, 특히 무의식적 욕망의 힘을 강조합니다. 의사였던 프로이트는 환자를 치료하기 위해 자신의 이론을 발전시켰지만, 그의 정신분석학은 심리치료뿐만 아니라 철학, 미학, 문학 비평 등에도 큰 영향을 끼쳤습니다.

오늘날 임상심리학이나 상담심리학처럼 심리치료를 하는 분야에서는 정신분석학의 기법이나 아이디어를 종종 활용하고 있습니다. 하지만 그 밖의 심리학 분야에서는 프로이트나 정신분석학의 영향이 미미한 편입니다. 현대 주류 심리학이 견지하는 인간에 대한 관점은 프로이트와는 매우 다르며, 대체로 프로이트의 주장에 비판적이고 거리를 두는 편입니다.

프로이트 이론의 문제는 검증하는 것이 거의 불가능하다는 데 있습니다. 프로이트는 꿈이 소망 충족을 위해 생겨난다고 주장했습니다. 그러면서 악몽처럼 소망 충족과는 거리가 멀어 보이는 꿈에 대해서도 무의식적 억압 때문에 악몽으로 위장된 것일 뿐 본질은 소망 충족이라고 해석합니다. 이런 방식으로 설명하면 어떤 꿈도 소망 충족으로 해석할 수 있게 됩니다. 즉, 주장을 반증할 수가 없는데, 이는 과학적으로 입증할 수도 없다는 말이 됩니다. 과학적 명제라기보다는 현상을 그럴듯하게 해석하는 설이 되어버리는 것입니다. 이런 이유로 현재 주류 심리학은 프로이트의 주장과 이론을 진지하게 다루지는 않는 편입니다.

하지만 방어 기제나 투사 등 정신분석학에서 발전된 몇몇 개념들은 실제 심리치료 과정에서 관찰되는 현상이며 중요하게 고려되고 있습니다. 또한 그가 무의식을 새롭게 조명하며 인간 정신에 대한 독창적인 이론을 만든 업적은 부정할 수 없습니다. 하지만 그의 영향은 심리학에서는 심리치료 관련 분야에 집중되는 편이며, 과학적 방법론을 추구하는 현대 심리학의 조류와는 맞지 않습니다. 그러므로 중요한 학자이긴 하지만 심리학을 대표하는 인물이라고 하기는 어렵습니다.

02

PSYCHOLOGY

심리학의 연구방법

마음을 과학적으로 연구하기

- 마음에 대한 연구
- 인간 반응의 다양성과 통계
- 조작적 정의
- 요구특성 피하기
- 이중맹검법

마음에 대한 연구

첫 강의에서 심리학은 마음을 과학적으로 연구하는 학문이라고 했지요.

그런데 말입니다.

과학적이라는 건 과연… 뭘 뜻하는 걸까요?

SDS

심리학이 알

교수님, 안 닮았어요.

푸핫!

마음에 대한 연구는 이전에도 있었습니다. 예를 들어, 2,300년 전 맹자의 사단론이 있죠.

사람은 본래부터 선한 마음을 지니고 있고, 선을 싹틔우는 4가지 단서가 있다네.

사단(四端)
측은지심(惻隱之心)
수오지심(羞惡之心)
사양지심(辭讓之心)
시비지심(是非之心)

타인의 불행을 아파하는 마음, 부끄럽고 수치스럽게 여기는 마음, 타인에게 양보하는 마음, 선악과 시비를 판별하는 마음이 그것이지.

맹자

맹자의 주장도 사람의 마음에 대한 이론입니다. 서양 철학자들도 마음에 대해 여러 이론을 펴왔고요.

하지만 이런 것들을 심리학이라고 하지는 않습니다. 경험적 증거가 없기 때문입니다.

경험적 증거

아직 과학이 아니었던 거군요.

그렇습니다. 갈릴레이의 피사의 사탑 실험 알죠?

갈릴레이 이전에도 물체의 낙하 현상에 대한 이론은 있었습니다.

무거운 물체가 가벼운 물체보다 더 빨리 떨어지지!

그런 건 굳이 안 해봐도 알 수 있는 거잖아.

흥, 그래도 난 해볼래.

바보가 아닌 이상 ㅋㅋ

갈릴레이

자, 이제 바보는 누구?

오! 마이 갓!

두 개가 동시에 떨어졌어!

쿵! 쿵!

그러나 물체의 낙하에 관해 과학적으로 측정하고 연구한 것은 갈릴레이가 최초라고 할 수 있습니다.

마음도 마찬가지입니다. 19세기 말부터 과학적 연구가 이루어지면서 심리학이 시작된 것이죠.

빠빠, 내 생일 언제야?

1879년.

분트

이처럼 간단하고 당연해 보이는 주장도 증거를 모아야 과학이 되는 것입니다.

사람은 자기중심적으로 생각하는 법이야!

그래? 어떤 증거가 있지?

어… 그냥 느낌인데.

심리학의 발견들이 뻔해 보인다면 데이터를 모으고 검증하기까지 어떤 노력들이 있었을지 생각해보세요.

그런데 심리학은 경험적 증거를 모아 가설을 검증하는 데 자연과학보다 불리한 측면이 있습니다.

네? 왜 그렇죠?

사람은 반응이 다양하고 변화무쌍하거든요.

어~ 잘 지냈어?

누구시더라?

흥!

Hey!

와~ 오랜만이야!

안녕?

2강 심리학의 연구방법 **29**

마음이 없는 물체는 어떤가요? 예를 들어, 금은 물에 닿아도 아무 반응이 없지만, 알칼리 금속인 리튬 조각은 물 분자의 수소 원자, 산소 원자를 만나 격렬한 반응을 일으킵니다. 이런 반응이 그때그때 달라지진 않죠.

적막…

부글 부글

응? 리튬 너 왜 부글부글 안 끓어올라?

흠, 오늘은 기분이 꿀꿀해서 반응하지 않으려고.

오늘은 금처럼 살래.

금속이 이렇게 반응하지는 않습니다.

말도 안 돼요.

그렇죠? 자연의 원리는 저렇게 변덕스럽지 않습니다.

물체의 반응은 한국에서나 미국에서나, 어제나 오늘이나 다르지 않죠.

하지만 사람은 그렇지 않습니다. 사람마다 다르고, 때와 장소에 따라 다르고, 문화권에 따라 다르죠. 그렇기 때문에 여러 사람, 여러 경우를 관찰해서 경향성을 찾아야 합니다.

그때그때, 사람마다 달라.

인간 반응의 다양성과 통계

사람들의 반응은 이렇게 경우에 따라 다르고(vary), 다양(various)합니다.

변화량, 그러니까 통계적으로 말하자면 분산(variance)이 크죠.

vary (동사) 다르다
various (형용사) 다양한
variance (명사) 분산, 변량

분산이요?

고등학교 때 평균, 분산, 표준편차를 배웠을 거예요.

으악~ 수학 공식이다!

$X = \{x_1, x_2, ..., x_n\}$ 에 대해서

평균 μ는 $\qquad E(X) = \dfrac{\sum_{i=1}^{n} x_i}{n}$

분산 σ^2 는 $\qquad V(X) = E\left[(X - \mu)^2\right]$

표준편차 σ는 $\qquad \sigma(X) = \sqrt{V(X)}$

하하하, 계산을 시키려는 건 아니니 걱정 마세요. 의미만 다시 알아보자는 거예요.

여러 다른 값들이 있는 집단을 하나의 값으로 대표해야 할 때 평균을 사용하죠. 즉, 평균은 집단을 대표하는 값이라고 할 수 있어요.

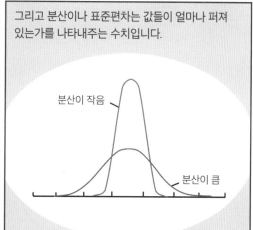

그리고 분산이나 표준편차는 값들이 얼마나 퍼져 있는가를 나타내주는 수치입니다.

분산이 작음

분산이 큼

이렇게 자료의 특성을 묘사(describe)하는 것을 **기술 통계**(descriptive statistics)라고 합니다. 기술 통계는 익숙할 거예요.

네, 학교에서 배웠어요!

그럼 다른 통계도 있나요?

자료를 놓고 추론(infer)하는 **추론 통계**(inferential statistics)가 있지요. 추론 통계는 심리학 연구자들에게 필수적인 도구예요.

사회학

경제학

교육학

정치학

생물학

우리한테도 중요한 도구야.

어떤 처치의 효과를 알아본다고 해봐요. 물질에 대한 처치라면 전후의 변화는 명확합니다. 그런데 사람은 그렇지 않은 경우가 많아요.

예를 들어, 새로운 학습법의 효과를 알아본다고 합시다. 어떤 사람은 많이 오르고, 어떤 사람은 적게 오르고, 심지어 어떤 사람은 성적이 떨어질 수도 있습니다.

난 30점 올랐어.

난 10점밖에 안 올랐는데.

난 오히려 떨어졌다고.

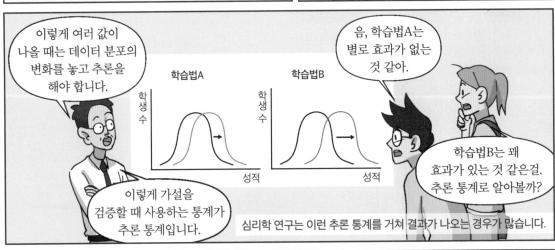

이렇게 여러 값이 나올 때는 데이터 분포의 변화를 놓고 추론을 해야 합니다.

음, 학습법A는 별로 효과가 없는 것 같아.

학습법A

학습법B

학생수

학생수

성적

성적

이렇게 가설을 검증할 때 사용하는 통계가 추론 통계입니다.

학습법B는 꽤 효과가 있는 것 같은걸. 추론 통계로 알아볼까?

심리학 연구는 이런 추론 통계를 거쳐 결과가 나오는 경우가 많습니다.

이 책에서 통계 기법들을 설명하지는 않을 것입니다.

하지만 대부분의 심리학 연구에서 통계를 사용한다는 것,

그리고 여러분이 심리학을 본격적으로 공부하게 되면 통계는 필수과목이라는 점을 잊지 말아 주세요.

조작적 정의

심리학의 연구방법을 이야기할 때 또 빼놓을 수 없는 것이 바로 조작적 정의입니다.

와~ 어려워요.

왜 '조작적'이라고 하는 거죠?

조작적 정의
(operational definition)
연구 변인을 객관적으로 측정할 수 있게 정의하는 것

연구자들이 조작할 수 있도록 정의해야 한다는 뜻입니다. 객관적으로 관찰하고 측정하는 기준을 정하는 것이죠.

객관적 기준

자연과학의 개념은 대부분 조작적으로 정의되어 있습니다. 예를 들어, 화학에서 '산(acid)'은 이렇게 정의하죠.

산: 물에 녹았을 때 pH가 7보다 낮은 물질을 산이라고 한다.

음, 기준이 확실하니 측정만 하면 되겠군.

과학자들

반면 심리학의 개념은 그렇지 않은 경우가 많습니다. 따라서 연구자가 직접 조작적 정의를 할 필요가 있습니다.

외향성: 활동적이고 사교적이며 외부 세계에 관심을 나타내는 성격을 외향성이라 한다.

저건 조작적 정의가 아니야. 저 기준만으론 실험을 할 수 없어.

심리학자들

조작적 정의가 없으면 같은 사람에 대해서도 저마다 다른 분류를 하게 되겠죠?

금요일엔 춤추며 놀고, 일요일엔 혼자서 독서를 하는 영수의 경우

둥칫 둥칫 둥칫

음, 저 정도면 외향적인 사람 아닐까?

아니야. 춤도 혼자 추니까 내향적인 사람 같은데?

기준이 없으면 누군가는 내향적,

누군가는 외향적이라고 분류할 것입니다.

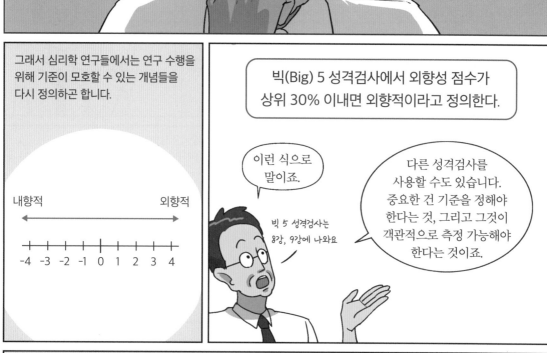

그래서 심리학 연구들에서는 연구 수행을 위해 기준이 모호할 수 있는 개념들을 다시 정의하곤 합니다.

내향적 ← | | | | | | | | | → 외향적
-4 -3 -2 -1 0 1 2 3 4

빅(Big) 5 성격검사에서 외향성 점수가 상위 30% 이내면 외향적이라고 정의한다.

이런 식으로 말이죠.

빅 5 성격검사는 8강, 9강에 나와요

다른 성격검사를 사용할 수도 있습니다. 중요한 건 기준을 정해야 한다는 것, 그리고 그것이 객관적으로 측정 가능해야 한다는 것이죠.

자연과학과 달리 심리학이나 사회과학에선 같은 개념에 대해서도 연구마다 조작적 정의가 조금씩 다를 수 있습니다. 그래서 하나의 연구만으로 결론이 나왔다고 말하기 어렵죠.

그래서 조금씩 다른 방식으로 연구한 여러 연구가 일관된 경향을 보일 때 비교적 확정적인 결론을 끌어낼 수 있습니다.

공감능력이 뛰어난 사람이 남들에게 더 나누어주는 결과가 많았습니다.

사람은 공감하게 된 대상을 더 잘 돕는 경향이 있었습니다.

공감을 잘하는 사람이 남의 부탁을 잘 들어줬습니다.

연구 A

연구 B

연구 C

흠, 그렇다면 공감을 잘할수록 이타적인 경향이 있다고 할 수 있겠어.

요구특성 피하기

한편 심리학 연구를 진행하면서 주의해야 할 점도 있습니다.

⊙연구 가설:
사람들은 개와 고양이 중에 개를 더 좋아한다.

내 가설이 맞는지 당장 확인해봐야지~♡

전 개가 더 좋아요.

우왓. 역시~!

당신은 개와 고양이 중에…?

개라는 대답을 원하는 것 같아.

고양이보단 개 아닌가요? 하하.

이 사례처럼 연구자가 바라는 의도가 실험 참가자의 반응에 영향을 주어서는 안 됩니다.

전 고양이를 더 선호해요.

고… 고양이요?

그렇군요.

저 사람 상당히 침울해져버렸어.

이렇게 되면 원래 측정하려던 특성을 측정하지 못하게 되지요. 이를 요구특성이라고 하고,

요구특성을 방지하지 못하면 결과를 믿을 수 없게 됩니다.

연구자의 요구에 부응하려다가 나타나는 특성이군요.

사람을 대상으로 하는 만큼 연구 의도가 뻔히 보이게 해선 안 되겠어요.

요구특성
(demand characteristics)
실험 참가자가 실험 목적을 추측하고
그에 부응해 행동하는 현상

요구특성은 동물에게도 나타납니다. 20세기 초 독일에 한스라는 이름의 말이 있었습니다.

우리 집 말 한스가 어려운 산수 계산을 척척 할 수 있어. 진짜야~.

말도 안 되는 소리! 그게 사실이라면 한번 보여줘!

3+2는 뭐지?

탕
탕
탕 탕 탕

오~! 딱 5번 굴렀어!

표정을 보니 여기서 멈추면 되겠네.

한스는 숫자를 계산하는 게 아니라 사람들의 반응을 잘 관찰할 뿐이야.

즉, 한스는 눈치가 아주 비상한 말이라는 이야기지!

독일 심리학자 오스카 풍스트

무슨 소리냐? 내가 직접 한스가 계산해내는 걸 목격했는데!

설마 풍스트, 지금 말을 상대로 시기하고 있는 것은 아니겠지?

웃긴다. ㅋㅋㅋ

내가 증명해주겠어!

무슨 문제를 내는 거야?

2+2는 뭐지?

속닥 속닥

정답이 뭐지? 계속 두드리네.

사람들의 반응이 나올 때가 됐는데….

탕 탕
탕 탕 탕
탕 탕

이것 봐! 이럴 줄 알았어!

이중맹검법

요구특성을 방지하기 위해선 어떤 정보는 숨겨야 합니다. 그렇게 검사하는 걸 맹검법이라고 하고, 더 나아가서 이중맹검법까지 사용합니다.

숨기니까 blind, 맹이라고 하는 거고…

이중맹검법
Double-blind trial

이중은 양쪽으로 숨긴다는 것 같은데.

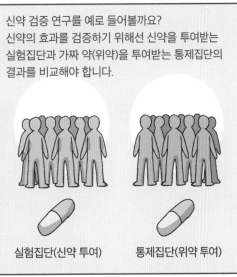

신약 검증 연구를 예로 들어볼까요? 신약의 효과를 검증하기 위해선 신약을 투여받는 실험집단과 가짜 약(위약)을 투여받는 통제집단의 결과를 비교해야 합니다.

실험집단(신약 투여)

통제집단(위약 투여)

결과에 영향을 줄 수 있으므로 참가자에겐 어느 집단에 배정되었는지 모르도록 합니다. 그런데 약을 주는 사람의 태도를 보고 어떤 약을 받는지 추측할 수도 있지요.

여기 약이에요.

왜 저런 표정이지? 난 가짜 약으로 배정받은 건가?

그래서 직접 약을 주는 사람도 자기가 주는 약이 어떤 건지 모르도록 진행해야 합니다. 이렇게 양쪽 다 모르게 하는 게 이중맹검법이죠.

여기 약이에요.

이 약은 진짜인가요?

저도 시키는 대로 하는 거라 모릅니다.

와~, 심리학이 과학적 연구를 위해 그동안 얼마나 고심해왔는지 알 것 같아요.

인간의 마음을 연구한다는 건 그만큼 어려운 일이죠.

동감이에요!

하하! 알아줘서 고마워요.

이렇게 여러 상황을 고민하며 연구방법을 발전시켜온 학문이 바로 심리학입니다.

작은 발견들도 이런 노력 끝에 얻어졌다는 걸 생각하면 심리학 연구들이 허투루 보이지 않을 거예요.

허투루 보지 마!

응!

02 | 3분 정리
심리학의 연구방법

요약 노트   *Summary*

심리학의 정체성
→ 심리학의 다양한 분야들은 서로 이질적으로 보이지만 마음을 과학적으로 연구한다는 공통점이 있다.
→ 19세기 말 심리학이 탄생하기 전에도 인간의 마음에 대한 이론은 있었지만, 경험적 증거를 바탕으로 하지 않았으므로 심리학이라고 할 수는 없다.

심리학의 연구방법
→ 같은 사건이나 자극에 대해서도 사람마다 반응이 다르며, 같은 사람이라 해도 매번 같은 반응을 보이지는 않는다. 따라서 인간의 반응을 연구하는 심리학 연구에서는 흩어져 있는 데이터로부터 경향성을 발견하는 통계의 사용이 필수적이다.
→ 과학 연구에서는 연구 변인을 객관적으로 관찰할 수 있는 절차를 통해 정의하게 되는데, 이를 조작적 정의라고 한다.
→ 요구특성이란 피험자가 연구자의 의도를 추측해 그에 맞춰 반응하는 것을 가리킨다. 요구특성이 나타나면 본래 측정하려던 것을 측정할 수 없게 되므로 요구특성을 막는 연구 설계를 해야 한다.
→ 객관적 연구를 위해서는 결과에 영향을 줄 수 있는 정보를 숨겨야 한다. 그러한 정보를 실험 참가자뿐만 아니라 실험을 시행하는 사람에게도 숨기는 것을 이중맹검법이라고 한다.

주요 학자   *Scholars*

맹자 孟子·B.C.372?~B.C.289?
중국 전국시대 철학자로 성은 맹(孟), 이름은 가(軻)이고, 자는 자여(子輿)이다. 맹자는 그를 스승으로 존중한다는 의미로 붙은 호칭이다. 다양한 사상이 경쟁하던 제자백가 시대에 유가 사상을 확립한 것으로 평가되며, 유가에서 공자 다음으로 중요한 학자이다.

갈릴레오 갈릴레이 Galileo Galilei·1564~1642
이탈리아의 학자이다. 실험을 통해 가설을 검증하는 연구를 본격적으로 시도한 학자로서 '근대과학의 아버지'라 불린다. 망원경을 사용해 목성의 위성 4개를 발견했으며, 지동설을 주장하다가 당시 천동설을 교리로 채택하고 있던 교황청과 대립하기도 했다.

오스카 풍스트 Oskar Pfungst · 1874~1932

독일의 생물학자이자 심리학자이다. 1907년에 '영리한 한스'가 가짜임을 밝혀낸 것으로 유명하다. '영리한 한스'는 숫자를 계산할 줄 알아서 유명해진 말이었는데, 풍스트는 질문 상황을 달리해 실험함으로써 실제로는 계산을 하는 것이 아니라 사람들을 관찰해 반응했을 뿐이라는 사실을 알아냈다.

퀴즈   *Quiz*

Q1 인지심리학, 임상심리학, 발달심리학, 사회심리학 등 성격과 주제가 매우 다른 학문 분야들이 '심리학'이라는 학문으로 묶일 수 있는 이유는 무엇인가?

_____

Q2 고대 철학자들도 인간의 마음에 대한 이론을 만들고 정교한 설명을 했다. 그러나 그런 이론을 심리학이라고 하지는 않는데, _____을(를) 바탕으로 이론을 검증하려 하지 않았기 때문이다.

Q3 연구 변인을 객관적으로 측정할 수 있는 방식으로 정의하는 것을 _____ (이)라고 한다.

Q4 요구특성에 대한 설명으로 틀린 것은 무엇인가?

① 요구특성을 막지 못하면 객관적인 측정이 어려워진다.

② 동물에게서는 요구특성이 나타나지 않는다.

③ 실험 참가자에게는 연구자의 기대에 부응하려는 경향이 있다.

④ 요구특성을 방지하기 위해 이중맹검법을 사용할 수 있다.

변인

변인은 심리학뿐만 아니라 과학적 연구를 하는 모든 학문에서 쓰이는 개념입니다. '변수'라고도 하며, 영어로는 'variable'입니다. 값이 변할 수 있기 때문에 이런 이름이 붙은 건데, 수학에서의 미지수 x, y와 비슷한 것이라고 이해해도 됩니다.

과학적 연구에서 연구자가 세우는 가설은 일반적으로 두 변인 간의 관계에 대한 서술입니다. 예를 들어, 어떤 연구자가 "과속 경고 표지판을 설치하면 교통사고가 줄어든다"라는 가설을 세웠다고 합시다. 이때 '과속 경고 표지판의 유무'는 독립변인이고, '교통사고 발생건수'는 종속변인입니다. 독립적으로 값이 결정되기 때문에 독립변인, 독립변인에 따라 값이 변하기 때문에 종속변인이라고 합니다.

그런데 위 가설을 검증하려 할 때 연구자는 독립변인, 종속변인만 살펴선 안 됩니다. 만약 표지판을 설치하기 전과 후에 표지판 유무만 바뀐 것이 아니라 도로의 폭이나 통행량 같은 것도 바뀌었다면, 교통사고 발생건수가 과연 표지판 때문인지 도로 사정의 변화 때문인지 알 수 없기 때문입니다. 통행량처럼 종속변인에 영향을 미칠 수도 있는 다른 변인들은 변하지 않도록 통제해야 하며, 이렇게 통제하는 변인들을 통제변인이라고 합니다.

그리고 매개변인이라는 것도 있습니다. 과속 경고 표지판의 존재는 운전자가 주행 속도를 늦추게 함으로써 교통사고 발생 확률을 낮출 것이라고 생각해볼 수 있습니다. 이 경우 주행 속도는 독립 변인과 종속 변인의 관계를 매개하는 변인이 되기 때문에 매개변인이라고 합니다. 매개변인을 알면 인과의 사슬을 좀 더 정확하게 파악할 수 있습니다.

한편 교란변인은 독립변인과 종속변인에 모두 영향을 미치는 제3의 변인을 말합니다. 예를 들어, 아이스크림이 많이 팔릴수록 수영복도 많이 팔리는 현상을 관찰했다고 합시다. 이때 아이스크림 판매량이 수영복 판매량을 늘렸다고 해석해서는 안 될 것입니다. 제3의 변인인 '더운 날씨'가 둘 모두를 증가시킨 원인이기 때문이죠. 이런 교란변인을 고려하지 못하면 인과관계를 잘못 파악해 엉뚱한 결론을 내리게 될 수 있습니다.

03

PSYCHOLOGY

마음의 생물학적 기반

마음은 어디에 있는가

마음은 뇌에 있다

그런데 옛날 사람들은 마음이 심장에 있다고 생각하기도 했답니다.

심리학 개론서엔 왜 꼭 뇌와 신경세포 얘기가 나올까요?

자동차에 비유해 생각해볼까요? 우리는 자동차의 내부 구조를 잘 몰라도 운전을 할 수 있습니다.

하지만 내부 구조를 알면 자동차가 움직이는 방식과 원리를 더 잘 파악할 수 있을 겁니다.

마찬가지로 뇌를 아는 것은 곧 마음을 아는 데에도 도움이 되겠죠?

이 장에서는 낯선 용어들이 많이 나옵니다. 하지만 피가 되고 살이 되는 공부이니 힘내서 해볼까요?

뉴런

먼저 **뉴런**(neuron) 얘기로 시작해볼까요?
인간의 뇌에는 850억 개 정도의
뉴런이 있다고 해요.

850억 개?!

그런데 뉴런이
뭐였더라?

뉴런은 신경세포를 가리킵니다.
전기화학적 신호를 전달하는 기능을 하는 세포죠.

뉴런

세포체 | 핵 | 축삭돌기 | 축삭말단

가지돌기

신호의 전달 방향

외계 생명체 같아 보이네요~

뉴런은 **가지돌기**를 통해 다른 뉴런이나 감각기관으로부터 신호를 받아 축삭돌기를 거쳐 축삭말단을 통해 다른 뉴런이나 근육에 신호를 전달합니다. 뉴런이 신호를 받아 흥분하면 우리 몸속의 칼륨 이온과 나트륨 이온이 세포막의 통로를 통해 뉴런의 안팎을 드나들면서 전기 신호가 발생합니다. 이러한 작용이 연쇄적으로 일어나 신호가 전달되죠.

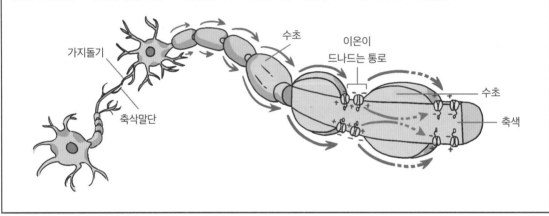

가지돌기

축삭말단

수초

이온이
드나드는 통로

수초

축색

축삭돌기를 보면 둥그런 막으로 둘러싸여 있는 부분이 있는데, 이것을 수초라고 합니다. 수초는 일종의 절연작용을 하기 때문에 전기 신호가 수초 사이사이를 점프하듯 전달됩니다. 즉, 수초로 싸여 있으면 전기 신호가 더 빠르게 전달되는 것이죠. 수초화의 정도에 따라 뉴런의 신호 전달 속도는 시속 3km에서 300km까지 차이가 난다고 합니다.

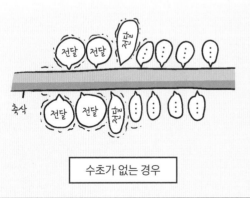

수초가 없는 경우

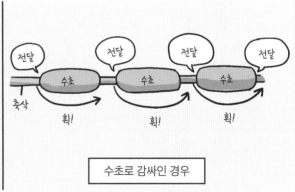

수초로 감싸인 경우

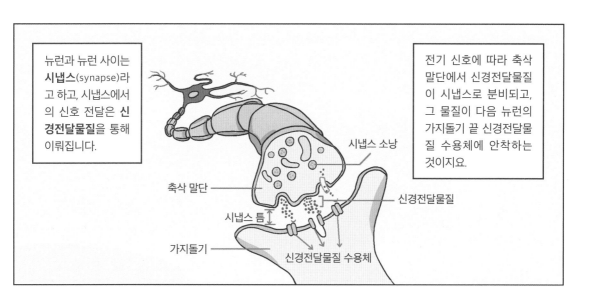

뉴런과 뉴런 사이는 **시냅스**(synapse)라고 하고, 시냅스에서의 신호 전달은 **신경전달물질**을 통해 이뤄집니다.

전기 신호에 따라 축삭 말단에서 신경전달물질이 시냅스로 분비되고, 그 물질이 다음 뉴런의 가지돌기 끝 신경전달물질 수용체에 안착하는 것이지요.

시냅스 소낭

축삭 말단

신경전달물질

시냅스 틈

신경전달물질 수용체

가지돌기

이처럼 신경전달물질은 뇌에서 신호를 전달하는 데 핵심적인 역할을 합니다.

여러분도 들어본 게 있을 거예요.

대표적인 신경전달물질로 이런 것들이 있습니다.

이름	주 기능	관련 장애
아세틸콜린 (Acetylcholine)	운동, 학습, 기억	노인성 치매
감마 아미노뷰티르산 (γ-Aminobutyric acid: GABA)	억제 기능, 스트레스 해소	간질 불안장애
도파민 (Dopamine)	운동 조절, 성취감	파킨슨병 조현병
세로토닌 (Serotonin)	수면, 기분	불면증 우울증
노르에피네프린 (Norepinephrine)	각성의 통제	우울증

특정 신경전달물질이 과다하거나 부족하면 신경의 기능에 이상이 발생해 정신질환이 생길 수도 있습니다. 정신질환을 치료하는 약들은 대개 이런 신경전달물질의 양을 조절해 균형을 맞춰주는 역할을 한답니다.

잠을 못 이뤄서 힘들어요.

나랑 친해져야겠군.

세로토닌

대뇌

뉴런은 신경계 곳곳에 있습니다. 뇌나 척수 같은 중추신경부터 손끝 같은 말초신경까지요.

할 일이 많은 뇌에 뉴런도 많이 모여 있지.

바글 바글 바글 바글

말초신경계에도 있어.

열심 열심

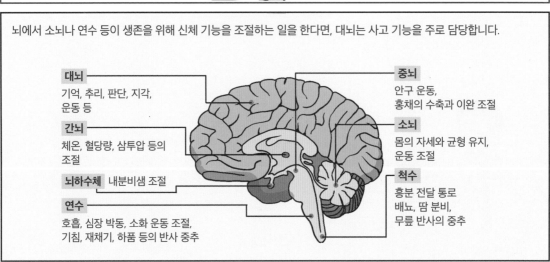

뇌에서 소뇌나 연수 등이 생존을 위해 신체 기능을 조절하는 일을 한다면, 대뇌는 사고 기능을 주로 담당합니다.

대뇌
기억, 추리, 판단, 지각, 운동 등

간뇌
체온, 혈당량, 삼투압 등의 조절

뇌하수체 내분비샘 조절

연수
호흡, 심장 박동, 소화 운동 조절, 기침, 재채기, 하품 등의 반사 중추

중뇌
안구 운동, 홍채의 수축과 이완 조절

소뇌
몸의 자세와 균형 유지, 운동 조절

척수
흥분 전달 통로
배뇨, 땀 분비, 무릎 반사의 중추

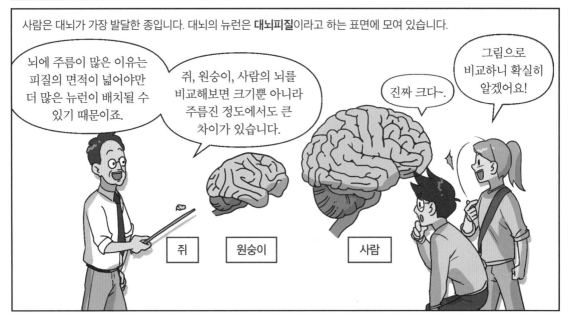

사람은 대뇌가 가장 발달한 종입니다. 대뇌의 뉴런은 **대뇌피질**이라고 하는 표면에 모여 있습니다.

뇌에 주름이 많은 이유는 피질의 면적이 넓어야만 더 많은 뉴런이 배치될 수 있기 때문이죠.

쥐, 원숭이, 사람의 뇌를 비교해보면 크기뿐 아니라 주름진 정도에서도 큰 차이가 있습니다.

진짜 크다~.

그림으로 비교하니 확실히 알겠어요!

쥐   원숭이   사람

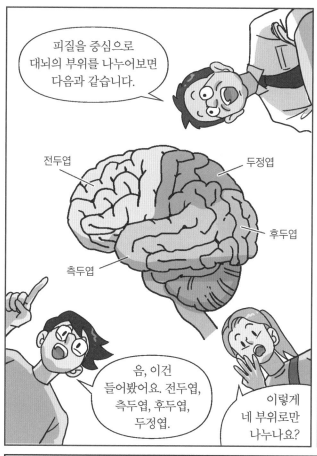

피질을 중심으로 대뇌의 부위를 나누어보면 다음과 같습니다.

전두엽

두정엽

후두엽

측두엽

음, 이건 들어봤어요. 전두엽, 측두엽, 후두엽, 두정엽.

이렇게 네 부위로만 나누나요?

엽은 큰 분류일 뿐이고, 더 세부적으로 나뉩니다. 피질 각 부위마다 주로 담당하는 기능들이 있어요.

연합 영역

언어

후각

청각

언어

미각

시각 연합영역

감각 연합 영역

읽기

시각 연합 영역

시각

그런데 신기한 것은 담당하는 피질의 면적이 신체 크기와 비례하지 않는다는 거예요.

네에? 그게 무슨 뜻인가요?

다음 그림을 한번 볼까요?

왼쪽은 운동피질, 오른쪽은 감각피질의 단면입니다. 피질마다 담당하는 신체 부위를 배치해본 것인데요. 손이나 얼굴에 대응하는 피질이 매우 넓죠? 실제 신체는 등이나 다리가 더 큰데 말이죠.

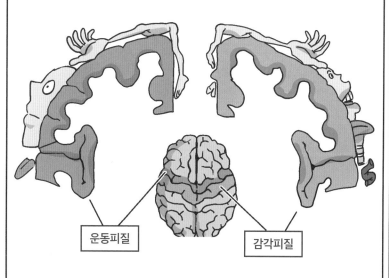

운동피질

감각피질

정교한 감각 및 운동 기능과 관련된 중요한 신체 기관들은 뇌에서도 신호 처리에 많은 영역이 필요하기 때문이지요.

인체의 신비!

우와, 뇌의 신비!

브로카 영역과 베르니케 영역

학자들은 뇌의 특정 부위가 어떤 기능을 하는지 어떻게 알았을까요?

옛날에는 뇌 손상 환자를 연구해서 알아내는 경우가 많았습니다.

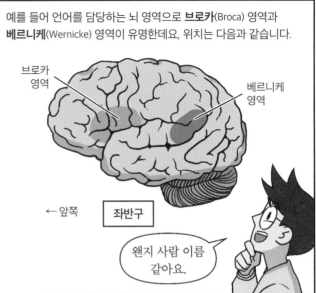

예를 들어 언어를 담당하는 뇌 영역으로 **브로카**(Broca) 영역과 **베르니케**(Wernicke) 영역이 유명한데요, 위치는 다음과 같습니다.

브로카 영역

베르니케 영역

← 앞쪽

좌반구

왠지 사람 이름 같아요.

맞아요! 브로카 영역은 1865년 프랑스의 의사 폴 브로카가 발견했습니다.

사고로 뇌를 다쳐 말을 잘 못하는 환자들이 있었습니다.

사후 부검을 통해 바로 이 영역이 손상됐다는 것을 발견했지요.

이 환자들은 남의 말을 이해하는 데는 문제가 없었지만,

스스로 말을 하는 데 상당한 어려움을 겪었습니다.

고맙다는 말 안 해요?

……

혀나 성대를 다친 것도 아니었는데 말이죠.

그래서 손상된 그 뇌 부위가 말하기와 관련된 기능을 담당한다는 사실을 알아낸 것이죠.

베르니케 영역은 1874년 독일의 카를 베르니케가 발견했습니다.

제 환자는 발화에는 문제가 없었지만, 내용에 문제가 있었습니다.

발화가 뭐야?

소리를 내어 말을 하는 언어행위.

환자는 조리에 맞지 않는 이해할 수 없는 말들을 늘어놓곤 했어요.

오늘같이 카페 같은 날엔 화창하게 먹고 싶어요.

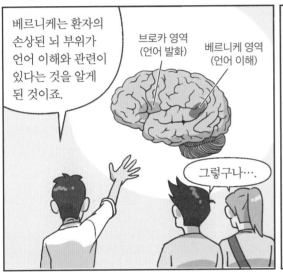

베르니케는 환자의 손상된 뇌 부위가 언어 이해와 관련이 있다는 것을 알게 된 것이죠.

브로카 영역 (언어 발화)

베르니케 영역 (언어 이해)

그렇구나….

그런데 뇌 손상을 비교하는 것으로 뇌의 기능들을 모두 알아낼 수는 없습니다. 뇌 손상 환자들이 부위별로 골고루 생기는 것은 아니니까요.

인류를 위해 측두엽 좀 다쳐주시겠어요?

네에?!

이왕이면 심한 손상으로다가…

오늘날에는 이런 방법을 쓰지 않고도 뇌를 관찰할 수 있는 방법이 있습니다.

오옷!

교수님, 그 방법이 뭐예요?

오늘날 뇌과학이 이렇게까지 발전할 수 있었던 이유! 바로 이것 때문입니다!

뇌영상기법

뇌영상기법과 fMRI

그럼 어떤 뇌영상기법들이 있는지 알아볼까요?

뇌영상 기법

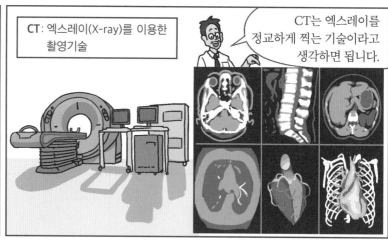

CT : 엑스레이(X-ray)를 이용한 촬영기술

CT는 엑스레이를 정교하게 찍는 기술이라고 생각하면 됩니다.

EEG : 두피에 전극을 붙여서 뇌의 전기적인 활동을 측정하는 기법

MEG : 뇌 표면의 전기적 활동을 자기장을 통해 측정하는 기법

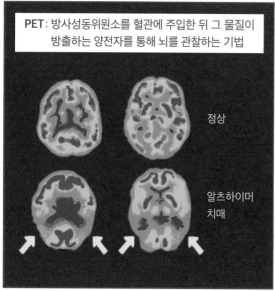

PET : 방사성동위원소를 혈관에 주입한 뒤 그 물질이 방출하는 양전자를 통해 뇌를 관찰하는 기법

정상

알츠하이머 치매

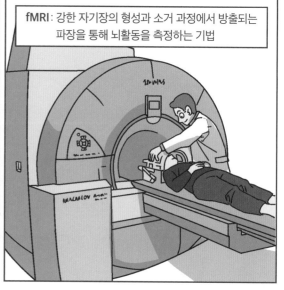

fMRI : 강한 자기장의 형성과 소거 과정에서 방출되는 파장을 통해 뇌활동을 측정하는 기법

특히 자기공명영상(MRI) 기술은 현대 뇌신경과학의 발전에 큰 기여를 했습니다. 의료용 MRI 촬영은 많이들 익숙하죠?

MRI 기계는 거대한 자기장 형성 장치인데, 강한 전자석 같은 거라고 생각하면 됩니다. MRI를 찍기 전에 반지나 벨트 같은 금속을 빼놓아야 하는 이유도 그 때문이죠.

MRI 기계는 강한 자기장을 형성했다 풀었다 하는 작용을 반복하게 되는데, 그러면 우리 몸속의 수소원자핵이 자기장을 따라 정렬되었다 풀어지는 과정에서 특정한 패턴의 자기공명신호가 발생합니다.

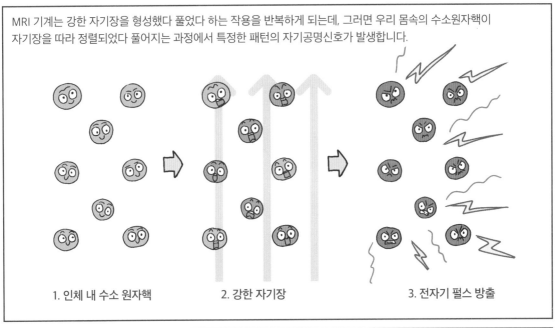

1. 인체 내 수소 원자핵   2. 강한 자기장   3. 전자기 펄스 방출

이 신호를 측정해 몸의 구조를 찍는 것이죠. MRI는 다른 영상기법들에 비해 굉장히 고해상도라는 장점이 있습니다. 이렇게 병원의 진단과 검사를 위해 사용하는 방식을 '해부학적 MRI'라고 합니다.

그런데 MRI 기계로 해부학적 구조뿐만 아니라 뇌의 기능적 활동도 측정할 수 있어요.

혈액에는 산소를 운반하는 헤모글로빈이 있는데요. 이 헤모글로빈과 산소의 비율에 따라 MRI의 자기장에 대한 반응이 달라지게 됩니다. 즉, 이 반응 패턴을 측정하면 뇌의 어느 부위에서 산소가 든 혈액을 활발히 소모하고 있는지를 알 수 있게 되는 거죠.

응? 여기에 언제 카메라가 생겼지?

fMRI

Oxygen

헤모글로빈

MRI 기계를 이렇게 사용하는 것을 기능적(functional) MRI, 즉 fMRI라고 부릅니다.

무슨 말인지 모르겠어요!

어려워요!

원리를 다 이해하려면 물리학 지식이 필요해요.

지금 우리가 그것까지 다 이해할 필요는 없고, 뇌활동을 고해상도로 찍을 수 있다는 점만 알면 됩니다.

MRI
병원에서의 진단과 검사

fMRI
뇌의 혈류 변화를 감지하여 뇌활동을 측정하는 기술

fMRI의 장점은 해상도가 매우 높다는 것입니다. 그래서 뇌의 각 부위별 활동을 정밀하게 측정, 비교할 수 있습니다. 그리고 EEG나 MEG가 뇌 표면의 활동만 측정할 수 있는 데 비해 fMRI는 뇌 안쪽의 활동도 측정할 수 있답니다.

고해상도 fMRI 사진

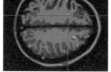

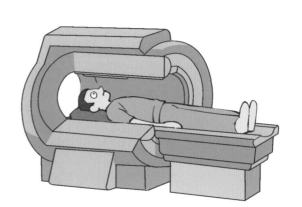

출처: Tian (2010)

fMRI를 이용한 심리학 실험은 대개 참가자가 기계에 들어가 있는 상태에서 특정한 과제를 수행하는 방식으로 이루어집니다. 참가자는 이어폰을 끼고 마우스 같은 입력장치를 쥔 채 연구자의 지시에 따라 스크린에 나타나는 자극을 보고 과제를 수행합니다.

거울

버튼이 달린 마우스

마이크

이어폰

8.3s

3.3s

60s

4.6s

8.3s

3.3s

60s

참가자에게 제시되는 자극들 (단위는 초)

만약 사람의 얼굴을 분별하는 과제를 수행한다고 합시다. 그러면 뇌의 부위 중 사람 얼굴을 처리하는 영역이 많은 일을 할 것입니다. 이때의 fMRI 신호를 분석하면 그 부위를 알 수 있는 것이지요.

사람 얼굴을 볼 때마다 이 부위가 활성화되는군!

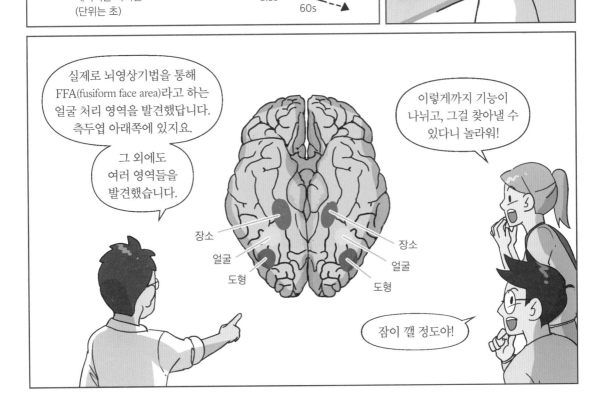

실제로 뇌영상기법을 통해 FFA(fusiform face area)라고 하는 얼굴 처리 영역을 발견했답니다. 측두엽 아래쪽에 있지요.

그 외에도 여러 영역들을 발견했습니다.

이렇게까지 기능이 나뉘고, 그걸 찾아낼 수 있다니 놀라워!

장소

얼굴

도형

장소

얼굴

도형

잠이 깰 정도야!

뇌 연구와 심리학의 미래

오늘날 뇌 연구는 뇌의 부위별 기능을 발견하는 것을 넘어 뇌의 각 영역들이 어떻게 상호작용하는지,

그런 작용들이 정신 활동의 어떤 특성과 관련이 있는지까지 확장되고 있습니다.

뇌 상호작용

특히 **의식** 연구가 뜨거운 주제죠. 의식이란 뇌의 어디에서 어떻게 발생하는 것일까요?

눈에 보이는 건 의식하니까 혹시 시각 영역?

들리는 것도 의식하니까 청각 영역일 수도?

우리는 때로 보이는 것도 들리는 것도 의식하지 못하고 지나칠 때가 있습니다.

생각해보니 진짜 그렇네요!

대체 뇌에서 의식은 어디에 있을까요? 혹시 질문이 잘못된 것일까요? 위치보다는 어떻게 얼마나 활성화되는지가 중요한 걸까요?

수수께끼 같은 의식은 뇌 연구의 최전선이랍니다.

들키지 않게 꼭꼭 숨어 있겠어.

심리학과 뇌에 대해 본격적으로 다루기 시작하면 끝이 없을 것입니다.

요점만 쉽게 설명하려고 했는데, 여전히 어렵지만 흥미롭죠?

뇌 연구는 심리학에서 점점 더 비중이 커질 수밖에 없는 분야입니다.

현재 매일같이 뇌 연구에서 새로운 발견들이 이뤄지고 있고, 최신 심리학은 뇌 연구가 선도하고 있다고 말할 수 있을 정도입니다.

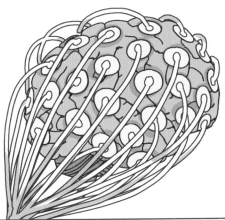

뇌에 대한 연구는 해부학적 구조 같은 아주 기초적인 연구에서 출발했지만,

오늘날에는 추상적인 정신 활동의 메커니즘에 대해서도 중요한 실마리를 제공하는 분야가 되었습니다.

흥미로운 발견들이 쏟아지고 있는 분야인 만큼 공부를 하면 할수록 재미있을 거예요.

교수님… 근데요,

우리 뇌가 음식을 요구하고 있어요.

꼬르르

꼬르륵

그, 그럼 제가 쏠 테니 밥 먹으러 갈까요?

옛!

썰!

03 | 3분 정리
마음의 생물학적 기반

요약 노트 — *Summary*

| 마음의
생물학적 기반 | → 정신 활동이 일어나는 곳은 중추신경계의 핵심인 뇌이다. 뇌는 감각 정보를 처리하고, 신체 기능을 통제하며, 사고 활동을 관장한다. |

뉴런
→ 뉴런은 가지돌기로부터 신호를 받아 축삭돌기를 통해 신호를 보내는 신경세포를 말한다. 뉴런과 뉴런 사이를 시냅스라고 하며, 신호를 보내는 뉴런의 축삭말단에서 나온 신경전달물질이 신호를 받는 뉴런의 신경전달물질 수용체에 달라붙음으로써 신호가 전달된다.

→ 축삭돌기를 감싸고 있는 수초는 일종의 절연체 역할을 하며 전기 신호가 훨씬 빠르게 전달되도록 한다.

신경전달물질
→ 신경전달물질이 과도하거나 부족하면 신경 기능에 이상이 발생하고 정신질환이 생길 수 있다.

신경전달물질	주 기능	관련 장애
아세틸콜린	운동, 학습, 기억	노인성 치매
감마 아미노뷰티르산(GABA)	억제기능, 스트레스 해소	간질, 불안장애
도파민	운동조절, 성취감	파킨슨병, 조현병
세르토닌	수면, 기분	불면증, 우울증
노르에피네프린	각성의 통제	우울증

대뇌피질
→ 대뇌는 크게 전두엽, 측두엽, 후두엽, 두정엽으로 나뉜다. 뉴런은 이 대뇌의 표면, 즉 대뇌피질에 집중적으로 분포돼 있다.

→ 대뇌의 운동피질과 감각피질이 담당하는 각 신체 부위의 면적은 실제의 신체 면적과 비례하지 않는다. 손과 얼굴처럼 더욱 정교한 처리가 필요한 부위는 대뇌피질에서 더 넓은 면적을 차지한다.

뇌 손상 비교법
→ 과거에는 뇌 손상 환자를 연구하고 사후 부검을 함으로써 뇌의 어떤 부위가 무슨 기능을 담당하는지 알아내곤 했다. 대표적으로 언어 발화를 담당하는 브로카 영역, 언어 이해를 담당하는 베르니케 영역이 이렇게 발견됐다.

뇌영상기법
→ 기술의 발전으로 뇌의 활동을 훨씬 정교하게 관측할 수 있게 되었다.

→ CT는 엑스레이를 입체적으로 찍는 기법, EEG는 두피에 전극을 붙여 뇌 표면의 전기적 활동을 측정하는 기법, MEG는 뇌 표면의 전기적 활동을 자기장을 통해 측정하는 기법, PET는 방사성동위원소를 혈관에 주입한 뒤 양전자가 방출되는 위치와 양을 측정해 뇌 활동을 관측하는 기법이다.

→ fMRI는 적혈구가 강한 자기장에 반응하는 것을 이용해 뇌 활동을 측정하는 기법이다. 뇌 표면뿐만 아니라 안쪽까지 매우 높은 해상도로 정교하게 측정할 수 있다는 것이 큰 장점이며, 뇌 연구의 빠른 발전을 주도하고 있다.

주요 학자 *Scholars*

폴 브로카 Paul Broca · 1824~1880

프랑스의 의사이자 해부학자, 인류학자이다. 실어증 환자를 연구하고 부검해 좌뇌 전두엽의 특정 부위가 발화 능력과 관련이 있다는 것을 발견했으며, 이 부위에 브로카 영역이란 이름이 붙었다. 기능과 뇌 부위를 연관 지을 수 있는 최초의 해부학적 증거를 제시한 사례로서 뇌 연구에 크게 기여했다.

카를 베르니케 Carl Wernicke · 1848~1905

독일의 의사이자 해부학자이다. 뇌의 이상에 따른 병리 현상을 연구했으며, 대뇌의 상측두회가 언어를 이해하는 기능과 관련이 있다는 것을 발견했다. 이 부위에 베르니케 영역이라는 이름이 붙었다. 브로카 영역의 발견과 함께 뇌 기능 연구에 있어 선구적인 사례로 평가된다.

퀴즈 *Quiz*

Q1 다음 중 뉴런에 대한 설명으로 옳지 않은 것은 무엇인가?
① 뉴런은 가지돌기를 통해 다른 뉴런으로부터 신호를 전달받는다.
② 뉴런은 축삭말단에서 신경전달물질을 분비해 신호를 전달한다.
③ 신경전달물질이 과도하거나 부족하면 신경 기능에 이상이 생길 수 있다.
④ 수초로 감싸인 뉴런은 그렇지 않은 뉴런보다 신호 전달이 느리다.

Q2 대뇌는 크게 전두엽, 측두엽, _____, _____(으)로 나뉘며, 뉴런은 이 대뇌의 표면인 _____에 집중적으로 분포돼 있다.

Q3 뇌영상기법에 대한 설명 중 맞는 것은 무엇인가?
① EEG를 이용하면 뇌 안쪽의 활동까지 측정할 수 있다.
② MEG 촬영에는 방사성동위원소를 혈관에 주입하는 절차가 포함된다.
③ CT는 뇌 표면의 전기적 활동을 자기장을 통해 측정하는 기법이다.
④ fMRI에서 'f'는 '기능적(functional)'의 약자이다.

무의식만큼 신비로운 의식

사람들은 무의식이 신비롭다고 생각하지만 무의식만큼 신비로운 것, 아니 어쩌면 그보다 더 신기할 수 있는 것이 바로 의식이라는 현상입니다. 곤충이나 개구리 등 비교적 신경계가 단순한 동물들은 의식이 없이도 필요한 기능을 수행하는 것으로 보입니다. 자극이 나타나면 복잡한 판단 없이 본능적, 자동적으로 반응하죠. 움직이는 먹이가 눈앞에 나타났을 때 혀를 내미는 데에는 대단한 고민이나 판단이 필요하지 않습니다. 무의식적, 자동적으로 수행해도 되는 것이지요.

인간도 의식의 관여 없이 무의식적으로 많은 일들을 처리합니다. 앞으로 배우겠지만, 지각의 초기 단계에서의 정보 처리는 무의식적으로 일어납니다. 우리의 감각기관에는 매 순간 무수히 많은 자극이 들어옵니다. 그걸 다 의식해서 처리해야 한다면 매우 많은 에너지가 소모될 것이고 제때 반응하지 못하게 될 것입니다. 그래서 대개 주의를 기울인 대상에 대해서만 의식하게 되고 나머지는 무의식적으로 처리합니다. 이처럼 무의식적 처리가 더 빠르고 자원 소모가 적은데도 왜 사람은 의식을 갖게 되었을까요? 의식을 한 정보에 대해서는 더 정교한 처리를 할 수 있기 때문입니다. 즉, 의식은 심사숙고해서 정확한 판단을 하고, 계획적으로 수행하는 데 도움이 됩니다.

의식은 뇌의 어느 부위에서 어떤 작용에 의해 발생하는 걸까요? 아직 확실히 밝혀지지 않았습니다. 의식적 활동이 정보를 얼마나 깊이 있게 처리하느냐의 문제라면, 뇌의 특정 부위보다는 뇌의 활성화 정도를 살펴야 할 수도 있습니다. 이는 수면과도 관련이 있지요. 수면 중에는 의식의 활동이 멈추고 뇌의 활동량도 줄어드니까요. 그런데 수면 중 꾸는 꿈은 완전한 의식도 아니면서 무의식도 아닌, 활동과 비활동의 경계에 있는 듯하기도 합니다. 그래서 수면과 꿈도 의식과 관련한 중요한 연구 주제입니다.

인간뿐만 아니라 쥐나 독수리 같은 생물도 의식을 갖고 있는 것으로 보입니다. 이런 동물의 의식은 어떻게 측정하고 분류할 수 있을까요? 한편 자의식, 즉 외부 환경이 아닌 스스로에 대한 의식은 인간을 비롯해 뇌가 매우 발달한 영장류나 돌고래 등에서만 관찰된다고 합니다. 자의식은 어떻게 나타나게 됐을까요?

이렇게 의식이란 주제는 우리에게 흥미로운 질문들을 던지고 있습니다. 하지만 아직까지 충분히 만족할 만한 대답이 나오지는 않은 '과학의 최전선'에 있는 주제입니다.

04

지각심리학

우리는 어떻게 세상을 알아보는가

지각이란

자자, 여러분! 일어나세요!

ZZZ

꾸벅…

꾸벅…

크어~

헉! 언제 잠들었지?

죄송해요, 교수님! 식곤증 때문에…

화들짝!

하하, 괜찮아요. 이제 지각심리학을 배울 차례인데…

저희가 졸아버려서 벌써 시간이… 지각한 느낌이네요.

썰렁한 유머는 그만해!

교수님, 지각심리학의 지각은 무슨 뜻인가요?

지각은 우리 신경계와 정신 속에서 일어나는 이런 처리 과정을 말합니다.

지각(知覺)
perception

감각기관을 통해 입력된 자극을 인식하는 처리

즉, 지각이란

삐용

삐용

삐용

소리를 듣고 앰뷸런스 사이렌이라고 알아채는 것

냄새를 맡고 장미꽃임을 아는 것

킁

킁

누구더라? 아, 중학교 동창 민수!!

얼굴을 보고 누구인지 알아보는 것입니다.

오랜만이야!

게슈탈트 심리학

제 생각엔 사물을 있는 그대로 알아보는 건데 무슨 연구할 게 있을까… 싶어요.

사람의 지각은 그렇게 간단치가 않아요.

먼저…

뒤적

뒤적

게슈탈트 심리학으로 얘기를 시작하는 게 좋을 것 같네요.

Gestalt

게슈탈트(Gestalt)는 '모형' 또는 '형태'라는 뜻의 독일어예요.

1강에서 다뤘던 티치너의 구성주의 기억나요?

구성주의자들은 마음의 활동을 낱낱의 요소로 쪼개어 연구할 수 있다고 봤죠.

반면 게슈탈트 심리학자들의 생각은 전혀 달랐습니다.

부분의 합이 곧 전체야!

영국 출신의 구성주의 심리학자

독일 출신의 게슈탈트 심리학자

부분으로 쪼개서는 인간의 지각을 이해할 수 없어.

에드워드 티치너

볼프강 쾰러

예를 들자면, 이 그림에서 뭐가 보이나요?

정육면체요. 헤헤~.

하지만 나눠서 보면… 자, 지금부터 확인 들어가겠습니다~.

짜잔~

척!

잉? 아까 봤을 땐 정육면체였다구!

원이잖아?

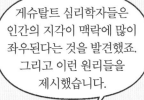

게슈탈트 심리학자들은 인간의 지각이 맥락에 많이 좌우된다는 것을 발견했죠. 그리고 이런 원리들을 제시했습니다.

1. 유사성의 원리

비슷한 것들끼리 묶어서 보려는 경향

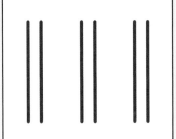

2. 근접성의 원리

가까이 있는 것들끼리 묶어서 보려는 경향

3. 완결성의 원리

간격을 메우고 닫아서 완결된 형상으로 보려는 경향

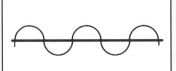

4. 연속성의 원리

자연스럽게 연결되는 것들끼리 묶어서 보려는 경향

5. 전경-배경의 원리

전경이라고 인식하는 대상을 중심으로 형태를 구성하는 경향

예를 들어, 이런 상황에 맞닥뜨렸을 때…

으악! 뱀이다!

뱀을 두 마리가 아닌 한 마리로 지각하게 되는 것은 연속성의 원리로 설명할 수 있습니다.

연속성의 원리

지각은 있는 그대로를 인식하는 거라고 생각했는데, 이런 관점에서 보니 새로워요.

시지각

인간이 지각하는 데는 어떤 원리가 작동한다는 걸 알았으니 이제 본격적으로 지각에 대해 알아볼까요?

그런데 모든 종류의 지각을 다루다 보면 밤이 새고 말 겁니다.

실은 지면이 부족…

지각의 종류

미각

후각

청각

촉각

그래서 우리는 인간에게 가장 중요한 시각을 중심으로 알아보겠습니다.

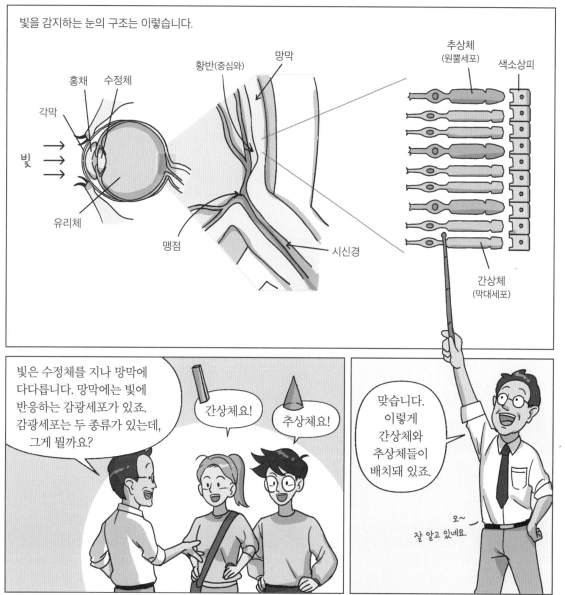

빛을 감지하는 눈의 구조는 이렇습니다.

황반(중심와)

망막

추상체 (원뿔세포)

색소상피

홍채   수정체

각막

빛

유리체

맹점

시신경

간상체 (막대세포)

빛은 수정체를 지나 망막에 다다릅니다. 망막에는 빛에 반응하는 감광세포가 있죠. 감광세포는 두 종류가 있는데, 그게 뭘까요?

간상체요!

추상체요!

맞습니다. 이렇게 간상체와 추상체들이 배치돼 있죠.

오~ 잘 알고 있네요.

그런데 간상체는 뭐고, 추상체는 뭐더라?

고등학교 생물 시간에 나오는 내용이지만 다시 기억을 되살려볼까요?

나도 이름만 기억하는 수준이야.

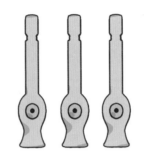

간상체는 명암을 판단하는 세포로, 어두운 빛에도 민감하게 반응합니다. 망막 전체에 골고루 퍼져 있습니다.

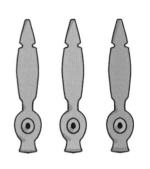

추상체는 색상을 판단하는 세포로, 빛의 파장에 따라 반응하는 세 종류의 추상체가 있습니다. 망막 중심부에 집중해서 분포합니다.

망막에 빛이 들어와 감광세포를 자극하면 그 신호가 시신경을 통해 뇌로 전달됩니다. 그러면 우리 뇌는 어떻게 이 신호를 해석해 사물을 지각하는 걸까요? 뇌 속에 가상의 화면이라도 펼쳐지는 걸까요?

옛날에는 가상의 화면 같은 것이 먼저 구성된 후 그 단계에서부터 지각이 일어난다고 생각하기도 했습니다.

그렇다면 화면을 보고 자극을 해석하는 건 누구일까요? 뇌 속에 작은 사람이라도 있는 걸까요?

그 작은 사람은 어떻게 화면을 볼 수 있는 걸까요?

작은 사람 안에 또 작은 사람이 있어서 보이는 것을 해석하는 걸까요?

말이 안 되죠? 대표적인 틀린 설명인데, 이것을 작은 사람 논증 (Homunculus argument) 오류라고 합니다.

그렇다면 실제로 시각 정보는 어떻게 처리될까요?

노벨생리의학상을 받은 허블과 비셀의 실험으로 알아봅시다.

세부특징 탐지

신경생리학자 허블과 비셀은 고양이의 뇌가 시각 정보를 어떻게 처리하는지를 연구했습니다.

이 연구로 노벨상을 탔지.

토르스텐 비셀

데이비드 허블

그들은 고양이 뇌의 후두엽에 있는 **일차시각피질**(V1)에 전극을 꽂아 신경세포의 발화를 측정했습니다.

여기에 전극을…

나비야, 미안하다.

카아악!

허블과 비셀은 고양이에게 시각 자극을 보여주며 전극이 꽂힌 V1 신경세포의 반응을 측정했습니다.

각 V1 신경세포는 담당 영역에 나타나는 시각 정보를 처리합니다.

기록 전극

뇌의 시각 영역

자극

이 담당 영역을 '수용장'이라고 합니다. 전체 시야를 잘게 나누어 V1 세포들이 담당하는 것이죠.

여기는 내 수용장. 이쪽으로 들어오는 빛에 반응하지.

일종의 담당 구역이랄까? 내 담당 구역은 여기.

허블과 비셀은 여러 자극을 제시해보았으나 반응이 없었습니다. 실망하려던 찰나 특정한 각도의 직선을 보여주니 격렬한 반응이 나타났지요.

내 수용장에 내가 담당한 자극이 나타났다. 전기신호 발사!

허블과 비셀의 실험에서 격렬히 반응했던 세포는 그 각도의 직선에 반응하는 **세부특징**(feature) 탐지 세포였습니다.

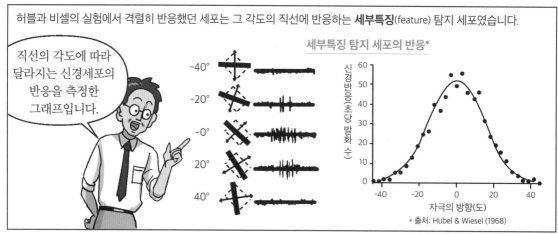

세부특징 탐지 세포의 반응*

직선의 각도에 따라 달라지는 신경세포의 반응을 측정한 그래프입니다.

* 출처: Hubel & Wiesel (1968)

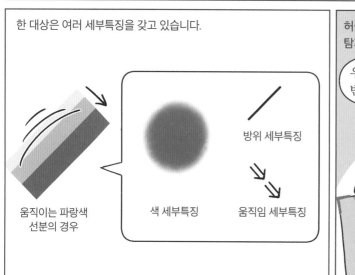

한 대상은 여러 세부특징을 갖고 있습니다.

움직이는 파랑색 선분의 경우

색 세부특징

방위 세부특징

움직임 세부특징

허블과 비셀은 후속 연구로 여러 세부특징 탐지 세포를 발견했답니다.

우리는 모서리에 반응하는 세포와

움직이는 선분에 반응하는 세포도 발견했다네.

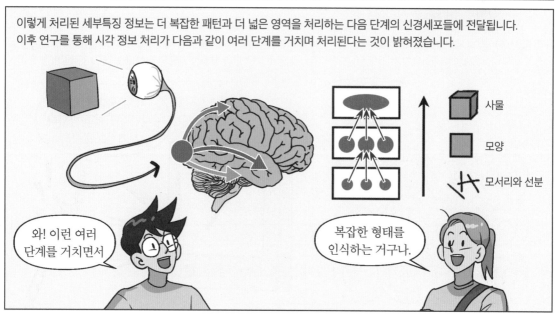

이렇게 처리된 세부특징 정보는 더 복잡한 패턴과 더 넓은 영역을 처리하는 다음 단계의 신경세포들에 전달됩니다. 이후 연구를 통해 시각 정보 처리가 다음과 같이 여러 단계를 거치며 처리된다는 것이 밝혀졌습니다.

사물

모양

모서리와 선분

와! 이런 여러 단계를 거치면서

복잡한 형태를 인식하는 거구나.

맹점과 무의식적 정보 처리

앞에서 보았듯이 뇌는 전체 시각 정보를 가상의 화면에 표상한 후에 거기서부터 형태에 대한 정보를 처리하는 것이 아닙니다.

좁은 영역의 특정한 세부특징만 처리하는 신경세포들의 활동에서부터

점차 넓은 영역의 복합적 자극을 처리하는 단계를 거친 후 최종적으로 형태나 사물을 인식하게 되는 것이죠.

초기 단계는 무의식적으로 처리가 됩니다. 즉, 무의식적 정보 처리의 결과를 의식적으로 보게 되는 것이지요.

무의식적이라… 그걸 저희가 확인할 방법은 없겠죠?

내가 본다고 다 보는 게 아니었군.

아니요. '맹점'을 이용하면 확인이 가능해요.

왼쪽 눈을 감고 오른쪽 눈으로만 +를 바라보세요!

그리고 서서히 눈을 책에 가까이 대세요.

단, 초점은 계속 +에 고정하고 있어야 합니다.

+가 중앙에 오도록~

15cm 정도 거리가 되게~

어느 순간 오른쪽의 검은 점이 뽕 사라질 겁니다!

세…세상에!!

진짜로 사라졌어요!!

우리 눈의 망막에는 감광세포가 없는 맹점이 있어요.
시신경이 모여서 안구의 바깥으로 나가는 통로가
있는 지점이죠.

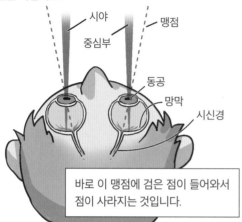

바로 이 맹점에 검은 점이 들어와서
점이 사라지는 것입니다.

하지만 우리는 그 지점에서 아무것도 보지 못하는 것이
아니라 노란색을 봅니다. 뇌가 주변의 노란색 정보로
맹점 영역을 채워 우리에게 보여주기 때문이죠.

맹점 구멍이다!

얼른 채우러 가자~!

우리 뇌가 얼마나 많은 정보를 '알아서' 채우는지, 신기한 실험을 한 가지 더 해볼까요?
왼쪽 눈을 감고 오른쪽의 노란 원이 맹점에 들어오게 해보세요.

오옷~!

노란 원이 있던 자리에
빨간 원이 보여요!!

맹점에서는 시각 정보가 들어오지
않지만 우리 뇌는 그 지점을 채워 넣어
보이도록 처리하는 것이죠.

이는 주변
정보를 바탕으로
무의식적으로
이뤄지고요.

색 지각

주변의 맥락 정보는 특히 색을 지각할 때 중요합니다.

여기 흰 모자와 검은 모자가 있습니다.

흰 물체가 검은 물체보다 항상 밝을 것 같지만 실제 물리적 광도는 환경에 따라 매우 달라집니다. 측정을 해보면…

실내 형광등 불빛 아래 흰 모자보다

야외 햇빛 아래의 검은 모자가 훨씬 광도가 높습니다.

광도

즉, 광도만 따진다면 햇빛 아래의 모자는 흰색, 형광등 불빛 아래의 모자는 검은색으로 지각해야 합니다.

그런데 우리 눈엔 안에서나 밖에서나 흰 모자는 계속 흰색으로 보이는데요.

검은 모자는 계속 검은색이고요.

하하…! 그건 바로 우리 뇌가 햇빛, 형광등 불빛, 빛이 비치는 방향 등 광원이라는 맥락을 고려해서 색을 지각하고 있기 때문입니다.

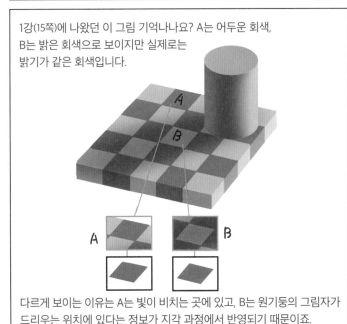

1강(15쪽)에 나왔던 이 그림 기억나나요? A는 어두운 회색, B는 밝은 회색으로 보이지만 실제로는 밝기가 같은 회색입니다.

A

B

다르게 보이는 이유는 A는 빛이 비치는 곳에 있고, B는 원기둥의 그림자가 드리우는 위치에 있다는 정보가 지각 과정에서 반영되기 때문이죠.

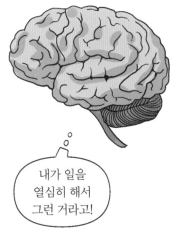

우리 뇌는 광원이라는 맥락을 자동적으로 반영해서 지각을 하는 것입니다.

내가 일을 열심히 해서 그런 거라고!

한때 유명했던 파검-흰금 드레스 논란도 색 지각의 원리와 관련 있나요?

짠!

?

짝짝!

네, 맞아요. 크게 보면 같은 원리입니다.

사진으로만 보면 광원에 대한 정보가 부족한 경우가 있습니다. 하지만 우리 지각 체계는 자연광 또는 형광등이라는 나름의 가정을 하게 됩니다.

아하! 이 사진!

어두운 날 또는 그늘에서는 광원이 푸른 빛을 띠게 되고, 그 빛을 받는 물체에도 푸른 색조가 더해집니다. 그래서 그늘에 있는 푸르스름한 색조는 그 물체 본래의 색이 아닌 것이죠.

흰 셔츠네.

반면, 화창한 날의 햇빛 아래의 물체가 푸르게 보인다면 그건 그 물체의 본래 색인 것이고요.

하늘색 바지네.

위 드레스는 사진만 봐서는 어떤 광원에서 찍힌 건지 알기 어렵습니다. 그래서 사람마다 광원에 대한 가정이 달라질 수 있죠.

푸른빛이 도는 광원 아래의 드레스인 듯. 따라서 드레스의 원래 색은 흰색!

백색 광원 아래의 드레스인 듯. 따라서 드레스의 원래 색은 파란색!

이렇게 지각 체계의 가정이 달라질 수 있기 때문에 다른 색으로 보일 수 있는 거죠.

신기하지 않나요?

네, 엄청 신기해요!

다양한 지각

이 외에도 지각에는 연구 주제들이 무궁무진합니다. 시지각에는 거리나 깊이 지각도 있고요.

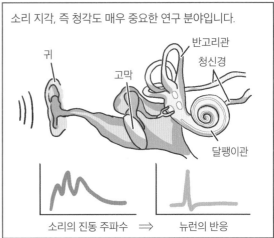

소리 지각, 즉 청각도 매우 중요한 연구 분야입니다.

귀

고막

반고리관

청신경

달팽이관

소리의 진동 주파수 ⇒ 뉴런의 반응

후각

미각

촉각

후각, 미각, 촉각도 빼놓을 수 없겠죠?

평형감각

심지어 평형감각도 지각심리학의 연구 주제랍니다.

기억해야 할 건 어떤 감각이든 꽤 복잡한 처리 과정을 거친다는 겁니다.

우리가 세상을 그대로 보고 듣고 느끼는 것 같지만 절대 그렇지 않아요.

청각, 촉각 등 다른 감각에 대한 연구들도 살펴볼 수 있습니다.

한번 보실래요?

아니요.

단.호.

끙차!

절레

절레

허허허, 알면 알수록 매력적인데….

그럼 지각심리학은 여기까지 하고 다음 분야로 넘어가볼까요?

네~!

| 요약 노트 | *Summary* |

지각
→ 지각이란 감각기관을 통해 입력된 자극을 처리하여 인식하는 작용을 말한다.
→ 지각심리학은 시각, 청각, 후각, 미각, 촉각, 평형감각 등 다양한 지각을 연구한다. 인간의 경우 시각 정보를 가장 많이 활용하므로 시지각 연구가 가장 많이 이루어지고 있다.

게슈탈트 심리학과 지각
→ 게슈탈트 심리학은 20세기 초 독일에서 발전한 심리학 사조이다. 게슈탈트 심리학에서는 인간의 정신 현상을 개별 구성요소로 분석해서 파악할 게 아니라 대상을 전체적으로 보고 구조와 형태를 파악해야 한다고 주장했다.
→ 게슈탈트 심리학에 따르면 인간의 지각은 개별 요소들의 특성으로 환원되지 않으며, 요소들이 배치된 형태와 구조 등 맥락에 크게 영향을 받는다.
→ 시지각과 관련된 게슈탈트 심리학의 대표적 원리들
1. 유사성의 원리: 비슷한 것들끼리 묶음, 2. 근접성의 원리: 근접한 것들끼리 묶음, 3. 완결성의 원리: 간격을 메우고 닫아서 완결함, 4. 연속성의 원리: 자연스럽게 연결되는 것들끼리 묶음, 5. 전경-배경의 원리: 주의를 기울인 전경을 위주로 형태를 구상하며 나머지는 배경으로 지각함.

시지각과 세부특징
→ 망막에는 빛에 반응하는 감광세포가 존재하며, 추상체와 간상체로 나뉜다. 감광세포의 반응은 시신경을 통해 뇌의 시각피질까지 전달된다.
→ 대뇌 후두엽의 1차 시각피질(V1)은 시각정보의 초기 처리를 담당한다. V1의 각 뉴런은 시야의 특정한 영역을 담당하는데, 이 영역을 수용장이라고 한다.
→ 허블과 비셀은 1차 시각피질에서 특정한 각도의 선분에 반응하는 세포를 발견했다. 이들은 모서리에 반응하는 세포, 움직임에 반응하는 세포도 발견했다.
→ 각도, 모서리, 움직임, 색깔 등 지각의 개별적 요소를 세부특징(feature)이라고 한다. 1차 시각피질의 뉴런들은 특정한 세부특징에 반응하며, 이 정보는 다음 단계의 뉴런들에 전달되어 더 종합적인 처리를 가능케 한다.

맹점과 무의식적 처리
→ 사람의 망막에는 신경 다발이 밖으로 연결되는 부분이 있는데 여기에는 감광세포가 없다. 이 지점에서는 빛을 감지하지 못하므로 맹점이라고 한다.
→ 우리는 평소 맹점의 존재를 알아차리지 못하는데, 무의식적으로 그 지점의 정보를 채워 넣고 있기 때문이다. 지각에서 정보 처리의 상당 부분은 무의식적으로 일어나며, 의식에 떠오르는 것은 여러 정보 처리를 거친 결과이다.

색 지각	→ 물체의 물리적인 색과 밝기는 광원에 따라 크게 달라진다. 하지만 우리 지각 체계는 광원을 고려하여 자동적으로 그 물체의 원래 색을 추론한다. 이처럼 물리적 변화에도 불구하고 물체의 원래 색으로 지각하는 현상을 색채 항등성 이라고 한다.

주요 학자 *Scholars*

볼프강 쾰러 Wolfgang Köhler · 1887~1967

독일의 심리학자이자 현상학자이다. 막스 베르트하이머, 쿠르트 코프카 등과 함께 게슈탈트 심리학을 창시한 학자로 평가된다. 나치 정권하에서 유대인 교수의 해고에 항의하다 탄압을 받았고, 1935년 미국으로 이민을 가 연구를 계속했다. 구성주의와 행동주의 모두에 비판적이었으며, 전체적 접근을 강조했다.

데이비드 허블 David Hubel · 1926~2013

캐나다계 미국인 신경생리학자이다. 시각피질의 구조와 기능을 연구했으며, 1981년에 노벨생리의학상을 수상했다. 캐나다 맥길 대학교에서 수학했으며, 미국 존스홉킨스 대학교와 하버드 대학교에서 신경생물학 교수로 재직했다.

토르스텐 비셀 Torsten Wiesel · 1924~

스웨덴의 신경생리학자이다. 허블과 함께 시각피질에서의 정보 처리를 연구한 업적으로 1981년 노벨생리의학상을 수상했다. 스웨덴에서 연구를 시작했으나 1955년 미국으로 가 존스홉킨스 대학교와 하버드 대학교의 교수로 재직했다.

퀴즈 *Quiz*

Q1 게슈탈트 원리 중 _____의 원리는 자연스럽게 연결되는 것끼리 묶어서 보려는 경향을 말한다.

Q2 인간의 망막에는 각각 서로 다른 파장에 민감한 세 종류의 _____이(가) 있다. 이 감광세포는 망막 중심부에 집중적으로 분포한다.

Q3 허블과 비셀은 일차시각피질(V1)의 신경세포가 담당한 시야 영역인 _____에 특정한 각도의 선분이 나타날 경우 격렬하게 반응한다는 것을 발견하였다.

Q4 인간의 망막에는 감광세포가 존재하지 않는 _____이(가) 있지만 우리는 평소에 이를 의식하지 못한다.

상향 처리와 하향 처리

심리학자들이 자주 쓰는 말 중에 '상향 처리(bottom-up processing)'와 '하향 처리 (top-down processing)'라는 말이 있습니다. 영어 발음을 그대로 차용해 '보텀업', '톱다운'이라고 말하기도 합니다. '상향' 또는 '보텀업'은 아래에서 위로 향하는 것을 말하며, '하향' 또는 '톱다운'은 위에서 아래로 향하는 것을 말합니다. 여기서 아래와 위는 무엇을 의미하는 걸까요?

외부 환경의 정보가 직접 들어오는 지점에 가까울수록 아래입니다. 감각수용기에서 물리적 자극을 받아들이는 단계가 가장 아래라고 할 수 있습니다. 시각을 예로 들자면 외부의 빛에 반응하는 망막의 감광세포들이 가장 아래이죠. 감광세포가 처리한 빛 정보는 시신경을 통해 후두엽의 시각피질로 전달됩니다. 그리고 일차시각피질에서 각도, 움직임, 색 같은 세부특징이 처리됩니다. 이는 물리적 자극보다는 위에 있는 단계이죠. 그리고 여러 세부특징들을 종합해 하나의 물체를 지각하게 되는 건 그보다 위라고 할 수 있습니다. 더 위로는 지각한 물체에 대한 우리의 판단, 느낌 같은 것들이 있습니다.

상향 처리는 아래 단계의 정보를 바탕으로 위 단계에서 정보가 종합되는 처리방식을 말합니다. 자연스럽고 당연한 정보의 흐름이죠. 하지만 지각에는 상향 처리만 있는 것이 아닙니다. 하향 처리도 있죠. 예를 들어, 맹점에서는 아래로부터 올라오는 정보는 없지만 위에서 종합된 정보를 바탕으로 기초적인 감각 정보를 채우게 됩니다. 또한 기대와 경험이 지각에 영향을 미치는 것도 하향 처리입니다. 그래서 의식적으로 무엇에 주의를 기울이고 무엇을 기대하는가에 따라 똑같은 장면에서도 보이는 것이 완전히 달라질 수 있습니다.

한편 물체의 색과 밝기를 지각할 때는 하향 처리와 상향 처리가 모두 작동합니다. 감각수용기로 탐지한 물체의 밝기 정보가 바탕이 되긴 하지만, 물체가 있는 곳이 야외인지 실내인지, 그림자가 진 곳인지 조명이 비치는 곳인지 같은 맥락도 큰 영향을 미치게 되죠. 이렇게 우리의 지각은 상향 처리와 하향 처리가 모두 작용해서 이뤄지는 것입니다.

05

PSYCHOLOGY

학습심리학

경험은 어떻게 행동을 바꾸는가

학습이란

여러분, 앞에서 배운 내용이 쉽진 않았죠?

3강부터 4강까지는 왠지 생물학 공부하는 느낌이었을 것 같기도 하고요.

추상체와 간상체

어려웠지만 새로운 걸 많이 알게 됐어요.

이런 것도 심리학이구나, 신기했어요.

하하하, 앞으로 점점 여러분이 평소 심리학이라고 생각했던 주제들이 많이 나오게 될 거예요.

이번 강의는 학습심리학인데요.

학습심리학

학습심리학은 인간과 동물의 학습 원리를 연구하는 분야입니다

우리 모두 학습을 하지!

대체로 실험이 간단하고 결과 측정이 명확하기 때문에 심리학의 기초적인 연구가 어떻게 이뤄지는지 감을 잡는 데 도움이 될 거예요

또한 심리학의 초창기 역사를 수놓은 주제이기 때문에 심리학이 발전해온 흐름도 알 수 있죠.

20세기 전반 미국 심리학계를 주도한 행동주의 얘기도 나올 거야.

B. F. 스키너

심리학을 '행동과학'이라고도 부른다는 걸 아나요? 이는 행동주의자들이 주도한 학습과 행동 연구를 통해 심리학이 엄밀한 과학으로서의 입지를 다지게 된 것과 관련이 있습니다.

행동과학
Behavioral Science

행동주의 얘기는 뒤에 나올 거예요.

심리학은 **학습**을 이렇게 정의합니다.

경험으로 인한
행동의 변화

예를 들어
볼까요?

한 원시인이 배가 고픈데
마땅히 먹을 것이 없어
악취가 나는 과일을
먹었습니다.

서걱,
서걱!

그러다 배탈이 났죠.

경험을 한 후

저건
배 아픈 과일!
먹으면 큰일 나!

위잉

위잉

행동이 변화하고

이렇게 두 사건을 연합해 학습이 일어나는 경우를
'연합학습'이라고 합니다. 학습의 대표적이고
중요한 예이죠.

사건 A

악취가 나는 과일 섭취

연합

사건 B

배가 아픔

헤헤~.
같은 실수는 안 한다.
저렇게 생긴 건 절대
안 먹는다고.

위잉

위잉

지속됩니다.

파블로프의 고전적 조건 형성

학습의 정의나 개념은 일찍이 철학에서도 연구되었습니다. 하지만 학습에 대한 과학적 연구는 파블로프가 최초라 할 수 있죠.

소화기관 연구로 1904년에 노벨생리의학상을 수상하기도 했지.

ye~

이반 파블로프

파블로프는 연합되는 사건들을 자극과 반응으로 구분했습니다. 그리고 무조건 특정한 반응을 일으키는 자극을 무조건 자극이라고 명명했죠.

예를 들어…

척!

개들은 이것을 보면 무조건 침을 흘리게 되지!

이때 먹이는 무조건 자극이고, 침이 나오는 것은 무조건 반응이 됩니다.

나도 어쩔 수 없어. 저절로 침이 나오는걸.

무조건 자극(US)

무조건 반응(UR)

자주 나오는 중요한 용어들이니 기억해두세요.

무조건 자극 - US
(unconditioned stimulus)
무조건 반응 - UR
(unconditioned response)
중립 자극 - NS
(neutral stimulus)
조건 자극 - CS
(conditioned stimulus)
조건 반응 - CR
(conditioned response)

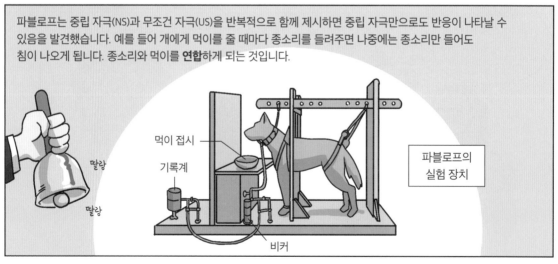

파블로프는 중립 자극(NS)과 무조건 자극(US)을 반복적으로 함께 제시하면 중립 자극만으로도 반응이 나타날 수 있음을 발견했습니다. 예를 들어 개에게 먹이를 줄 때마다 종소리를 들려주면 나중에는 종소리만 들어도 침이 나오게 됩니다. 종소리와 먹이를 연합하게 되는 것입니다.

딸랑

딸랑

먹이 접시

기록계

파블로프의 실험 장치

비커

즉, 무조건 자극(US)과 중립 자극(NS)이 같이 제시되는 것을 반복 경험하면

나중엔 중립 자극(NS)만 제시되어도 반응을 하게 되는 것이죠.

이렇게 학습을 거쳐 반응을 일으키게 된 자극을 조건 자극(CS)이라 하며, 이때의 반응을 조건 반응(CR)이라고 합니다.

그리고 이러한 학습을 **고전적 조건 형성**이라고 합니다.

파블로프의 연구 이후 한 세기가 지난 오늘날 우리들은 이렇게 간단히 배우고 넘어가지만, 당시 그는 30년 동안이나 조건 형성 학습을 연구했습니다.

파블로프의 연구실에서는 침 분비에 관한 논문을 532편이나 출간했고,

학습과 관련한 여러 과정을 연구했습니다. 예를 들어…

파블로프는 자극의 제시에 따라 조건 반응이 **획득**되고, **소거**되고, **자발적 회복**이 되기도 하는 과정을 보여주었습니다.

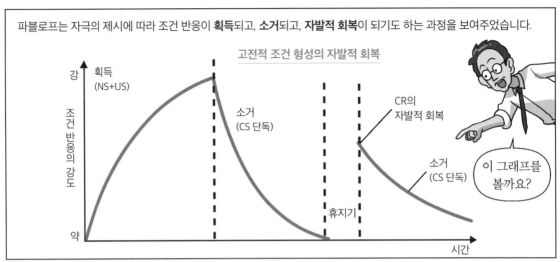

고전적 조건 형성의 자발적 회복

획득

종소리와 먹이가 동시에 제시되는 경우를 반복 경험하면서 침 분비가 점점 많아집니다.

소거

하지만 먹이가 없이 종소리만 제시되면 점점 침을 안 흘리게 되죠.

자발적 회복

그런데 휴지기를 둔 후 다시 종소리를 들려주면 침을 흘립니다. 소거됐던 조건 반응이 저절로 회복된 것이죠.

소거

하지만 여전히 먹이는 제공되지 않기 때문에 이 반응은 다시 소거됩니다.

파블로프가 동물실험으로 보여준 고전적 조건 형성은 너무 단순한 학습이라고 생각될 수 있습니다. 우리가 떠올리는 인간의 학습은 배우는 내용도 다양하고 복잡하며, 개인차와 문화적 배경 등 여러 요인의 영향을 받기 때문이죠.

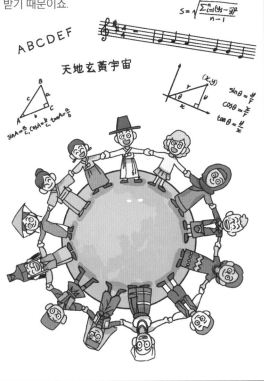

하지만 고전적 조건 형성은 인간을 포함한 모든 동물에 적용 가능한 학습의 기본 형식이라는 점에서 결코 중요성이 떨어지지 않습니다. 복잡한 현상에 대한 과학적 이해는 단순한 현상에 대한 이해로부터 출발하는 것이니까요.

또한 파블로프는 마음의 기능을 객관적, 과학적으로 연구할 수 있음을 보여주었습니다. 심리학이 마음에 대한 과학적 연구를 지향하는 학문이라는 점을 상기하면 파블로프가 심리학의 주춧돌 하나를 놓았다고 볼 수 있죠.

손다이크의 효과의 법칙

파블로프와 비슷한 시기, 미국의 심리학자 손다이크 역시 동물의 학습 능력에 대해 연구하고 있었습니다.

에드워드 손다이크

손다이크는 고리를 당기면 문이 열리는 상자 안에 고양이를 넣은 후 매번 얼마나 빨리 상자를 탈출하는지 기록했습니다.

새로 온 집사냥? 들고 온 선물은 뭐냥?

탈출게임 박스라고 합니다.

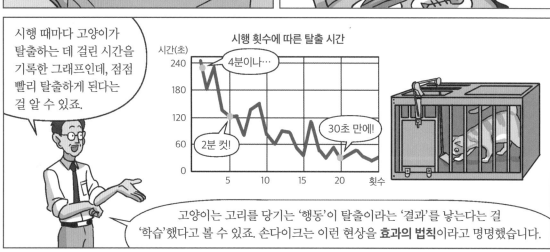

시행 때마다 고양이가 탈출하는 데 걸린 시간을 기록한 그래프인데, 점점 빨리 탈출하게 된다는 걸 알 수 있죠.

시행 횟수에 따른 탈출 시간

시간(초)

4분이나…

2분 컷!

30초 만에!

고양이는 고리를 당기는 '행동'이 탈출이라는 '결과'를 낳는다는 걸 '학습'했다고 볼 수 있죠. 손다이크는 이런 현상을 **효과의 법칙**이라고 명명했습니다.

파블로프식 조건 형성에는 자극 (무조건 자극 + 조건 자극)이 먼저 나타나고, 그 자극이 반응을 유발합니다.

DOG

하지만 손다이크의 실험에서는 미리 제시되는 무조건 자극 같은 것이 없었습니다. 고리를 당기는 유기체의 반응이 먼저 있고, 그 효과로 문이 열리는 결과가 뒤따랐을 뿐이죠.

자극이 아니라 효과, 즉 만족스러운 결과가 학습을 유발한 것이죠. 그래서 '효과의 법칙'이란 이름이 붙은 것입니다.

스키너의 조작적 조건 형성

손다이크의 효과의 법칙에 착안해 학습이론을 더욱 정교하게 다듬은 사람이 바로 스키너입니다. 스키너가 연구한 학습 메커니즘을 **조작적 조건 형성**이라고 합니다.

스키너는 쥐나 비둘기 같은 동물을 자신이 고안한 상자에 넣고 행동을 연구했습니다.

일명 '스키너 상자'

상자 속의 동물이 우연히 레버를 누르면 먹이가 나옵니다.

그 결과 레버를 누르는 행동이 증가하죠. 이를 '레버를 누르는 행동이 **강화**되었다'고 말합니다.

먹이처럼 행동을 강화하는 사물 또는 자극을 강화물 또는 **선호 자극**이라고 합니다.

가장 단순한 강화 방법은 반응을 할 때마다 강화물을 주는 것입니다. 이를 **연속 강화**라고 합니다.

연속 강화를 하면 학습이 빨리 이루어지지만, 소거도 쉽게 됩니다.

부분 강화의 유형

강화에는 연속 강화만 있는 것은 아닙니다.

일부 반응에 대해서만 강화물이 나오는 것을 **부분 강화**라고 합니다.

대표적인 부분 강화 유형으로는 다음 네 가지가 있습니다.

고정비율 일정한 반응 횟수에 따라 강화물이 나옴

예 막대를 5번 누른 후 먹이가 나오는 경우, 음식점의 스탬프 쿠폰

네, 거기 피자헛이죠?

도장 10개 시 한 판 공짜

고정간격 일정한 시간 간격을 두고 강화물이 나옴

예 3분이 지난 후 막대를 눌렀을 때 먹이가 나오는 경우, 월급

FOOD PUSH

WAITING TIME 3분

쿨타임 같은 건가?

흑흑

변동비율 반응 횟수에 따라 강화물이 나오는데, 그 횟수가 변동하고 예측할 수 없음

예 어떤 때는 2번 누르고 나서, 어떤 때는 10번 누르고 나서 먹이가 나오는 경우, 슬롯머신

꽝 꽝

변동간격 시간 간격을 두고 강화물이 나오는데, 그 간격이 변동하고 예측할 수 없음

예 때로는 1분 후, 때로는 5분 후 눌러야 먹이가 나오는 경우

이… 이번엔 왠지 빨리 나올 거 같아!

FOOD PUSH

딸깍

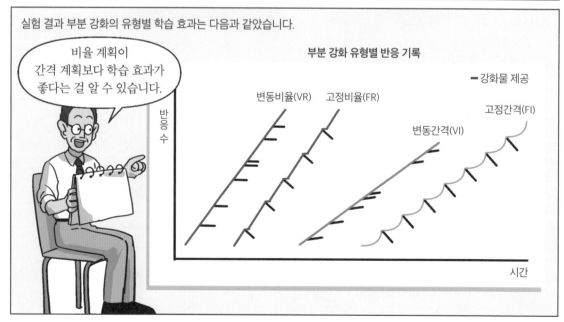

실험 결과 부분 강화의 유형별 학습 효과는 다음과 같았습니다.

비율 계획이 간격 계획보다 학습 효과가 좋다는 걸 알 수 있습니다.

부분 강화 유형별 반응 기록

━ 강화물 제공

반응 수

변동비율(VR) 고정비율(FR)

변동간격(VI)

고정간격(FI)

시간

한편, 강화물이 주어지지 않는 동안에도 반응이 지속되는 경향은 예측이 쉬운 고정 계획일 때보다 예측하기 힘든 변동 계획일 때 더 높았습니다.

대표적인 변동비율 계획은 바로 도박이죠! 계속 돈을 잃으면서도 도박에서 손을 떼기 어려운 이유입니다.

많이 도전할수록 돈을 잃는 경우도 더 많아진다는 게 함정이지.

도박하면 패가망신이야.

조작적 조건 형성에는 **처벌**도 있습니다. 처벌은 특정 행동을 감소하기 위해 불이익을 주거나 이익을 빼앗는 것입니다. 강화와는 반대로 처벌은 행동 소거의 기능을 합니다.

자꾸 학교에서 말썽 피우면 혼난다!

다음에 또 그러면 게임기 버릴 줄 알아!

하지만 처벌은 부작용이 많습니다. 처벌을 받은 유기체는 공격성을 보이거나 회피, 무기력 등을 나타낼 수 있습니다. 또한 처벌 방식이 잘못되면 오히려 잘못된 행동을 강화할 수도 있습니다.

또 말썽을 부려야 부모님이 나를 봐줄까?

와하하! 쟤 좀 봐.

호호

하하

처벌은 강화와 달리 무엇을 하지 말아야 할지만 알려줄 뿐, 해야 할 행동에 대해선 알려주지 않는다는 한계가 있지요. 그래서 심리학자들은 오래전부터 처벌보다는 강화를 활용하라고 일관되게 말해왔답니다.

행동주의

스키너가 연구한 학습 메커니즘은 파블로프식 조건 형성과 구분해서 조작적 조건 형성이라고 한다고 했지요.

스키너는 이 방식을 이용해 동물에게 복잡한 행동까지 학습시킬 수 있다는 것을 보여주었답니다.

행동주의
(behaviorism)

조작적 조건 형성을 연구한 스키너는 행동주의를 대표하는 학자로도 유명합니다.

행동주의는 20세기 중반 심리학, 특히 미국 심리학계를 지배한 흐름입니다. 존 B. 왓슨이 창시자라 할 수 있고, 스키너가 전성기를 열었습니다.

B. F. 스키너

자~ 새치기하지 마시고 줄을 서세요~

부럽군…

흥~

존 B. 왓슨

생각과 의도는 볼 수 없기 때문에 과학적 연구가 불가능하며, 직접 관찰하고 측정할 수 있는 행동만을 연구해야 한다는 게 행동주의의 기본 아이디어입니다.

안을 볼 수가 없어.

THOUGHT

생각 思考

또한 행동주의자들은 인간의 마음에 미리 저장되어 있는 내용이 없다고 생각했습니다. 즉, 우리의 행동 방식은 외부로부터의 강화 또는 처벌에 의해 형성된 것이라고 보았죠.

내가 그림을 그리게 된 동기가 뭐였더라?

- 타고난 표현 욕구 (×)
- 그림을 그리면 부모님이 칭찬해줬음 (○)
- 그림을 팔면 돈이 생김 (○)

환경으로부터의 자극만으로 다 설명할 수 있다고요?

타고난 성향이나 자발적 욕구도 있는 거 아닌가요?

그렇죠? 사실 행동주의 관점을 극단적으로 밀어붙이는 건 무리가 있습니다.

연구 대상을 너무 한정하게 되는 문제도 있고요.

그렇지만 행동주의 심리학자들이 연구하고 밝혀낸 학습 원리들은 매우 실용적으로 쓰이고 있습니다. 특히 동물의 학습은 조건 형성의 원리로 많은 부분이 설명된다고 볼 수 있죠. 요새 TV나 유튜브에서 많이 볼 수 있는 애완동물 행동 교정도 대부분 행동주의 심리학의 원리와 지식에 기반한다고 할 수 있습니다.

한편, 행동과 환경만을 강조하면서 내면의 심리와 타고난 본성을 부정하던 행동주의는…

1960년대 들어 대대적인 반격을 당하며 인지주의라는 새로운 흐름에 자리를 내주게 됩니다.

내가 스키너한테 한 방 날리게 될 거야.

노엄 촘스키

요약 노트   *Summary*

| 학습 | → 심리학에서 학습은 경험으로 인한 행동의 변화라고 정의한다. |
| | → 두 가지 사건을 연합하는 것은 학습의 대표적인 형태이다. |

파블로프의
고전적 조건 형성

→ 파블로프의 개 실험

① 무조건 자극(먹이)은 무조건 반응(침분비)을 일으키며, 중립 자극(종소리)은 무조건 반응을 일으키지 않는다는 것을 확인한다.

② 무조건 자극(먹이)과 중립 자극(종소리)을 함께 제시하는 것을 반복한다.

③ 무조건 자극(먹이) 없이 중립 자극(종소리)만 제시했을 때도 무조건 반응(침분비)이 일어나게 된다. 중립 자극과 무조건 자극이 연합되어 조건 형성이 된 것이다. 조건 형성이 된 자극(종소리)을 조건 자극이라 하며, 이때의 반응(침분비)을 조건 반응이라 한다.

이러한 현상을 고전적 조건 형성 또는 파블로프식 조건 형성이라고 한다.

→ 소거와 자발적 회복

무조건 자극 없이 중립 자극만 계속 제시할 경우 조건 형성은 소거된다. 하지만 자극을 제시하지 않는 휴지기를 거친 후 중립 자극을 제시하면 조건 반응이 다시 나타나는데, 이를 자발적 회복이라 한다.

→ 파블로프 실험의 의의

파블로프의 실험은 학습 같은 정신 기능을 실험을 통해 과학적으로 연구할 수 있다는 것을 보여줬다는 점에서 큰 의의가 있다.

손다이크의
효과의 법칙

→ 손다이크의 고양이 실험

① 줄을 잡아당기면 문이 열려 탈출할 수 있는 상자 안에 고양이를 넣는다.

② 고양이는 우연히 줄을 잡아당기고 탈출하게 된다.

③ 시행을 거듭할수록 탈출 시간, 즉 줄을 잡아당기는 데까지 걸리는 시간이 짧아진다.

→ 효과의 법칙

특정한 상황에서 동물이 어떤 반응을 했을 때 동물에게 만족스러운 결과가 나오는 경험을 하고 나면, 다시 그 상황에 처할 경우 해당 반응이 일어나기 쉬워지는 것을 말한다.

→ 효과의 법칙의 의의

무조건 자극 같은 자극이 없더라도 반응에 대해 만족스러운 결과가 뒤따르면 학습이 일어날 수 있다.

스키너의 조작적 조건 형성	→ 스키너 상자 실험 ① 효과의 법칙에서 착안해 우연한 행동의 결과물로 보상이 나오는 공간(스키너 상자)에 동물(쥐, 비둘기 등)을 넣고 행동을 관찰한다. ② 우연히 한 행동(레버 누르기 등)으로 보상(먹이)이 나오는 경험을 하게 되면, 동물은 그 행동을 더 많이 자주 하게 된다. → 연속 강화 계획: 반응을 할 때마다 보상을 주는 방식이다. 연속 강화는 빠른 학습을 끌어내지만 소거도 쉽게 일어난다. → 부분 강화 계획: 일부 반응에 대해서만 강화물을 주는 방식을 부분 강화라고 하며, 크게 네 가지 유형이 있다. ① 고정비율 계획: 일정한 반응 횟수에 대해 보상이 주어지는 경우이다. 예를 들어, 5번 레버를 누를 때마다 먹이가 나오는 경우, 10번 주문해 쿠폰을 모으면 1번 무료인 경우 등이 해당한다. ② 변동비율 계획: 보상이 나오는 반응 횟수가 예측할 수 없게 변동하는 경우이다. 예를 들어, 어떤 때는 레버를 2번 누른 후 먹이가 나오고 어떤 때는 10번 누른 후 나오는 등 변동하는 경우이다. 단, 필요한 평균 반응 횟수는 정해져 있다. ③ 고정간격 계획: 일정한 시간 간격 후의 반응에 보상이 나오는 경우이다. 예를 들어, 먹이가 나오고 나면 3분 동안은 레버를 아무리 눌러도 나오지 않고 3분이 지난 후 눌렀을 때 나오는 경우이다. 정해진 근무 기간이 지나야만 급료가 나오는 주급, 월급 등도 이에 해당한다. ④ 변동간격 계획: 보상이 나오는 시간 간격이 변동하는 경우이다. 예를 들어, 어떤 때는 1분 후에 레버를 눌러도 먹이가 나오고, 어떤 때는 5분 후에 눌러야만 먹이가 나오는 경우이다. 단, 평균 간격은 정해져 있다. → 학습을 유도하는 다른 방법으로 처벌도 있다. 처벌은 불이익을 주거나 이익을 박탈하는 것이다. 처벌은 공격성이나 무기력을 유발하는 부작용이 있으며, 바람직하지 않은 행동을 방지할 뿐 바람직한 행동을 학습시킬 수 없기 때문에 권장되지 않는다.
행동주의	→ 존 B. 왓슨이 주창하고 B. F. 스키너에 의해 전성기를 맞은 심리학 사조이며, 관찰과 측정이 가능한 대상만을 연구해야 한다는 것이 기본 아이디어이다. → 인간의 행동 경향은 환경으로부터의 자극에 의해 형성된 것이라고 생각한다. → 행동주의는 연구 대상을 직접 관찰 가능한 행동에 한정하면서 심리적 기제의 작용을 외면하다가 인지주의에 흐름을 내어주게 된다. 그러나 행동주의가 밝혀낸 원리들은 학습 및 동물 행동 관련 분야에서 지금까지도 널리 활용되고 있다.

이반 파블로프 Ivan Pavlov · 1849~1936

러시아의 생리학자이다. 상트페테르부르크 대학교에서 화학, 생리학, 의학을 공부하고 동 대학에서 생리학 교수로 재직했다. 개의 침 분비를 측정하는 방법으로 고전적 조건 형성을 실험하였으며, 이 연구는 심리학, 교육학에 큰 영향을 끼치고 행동치료의 토대가 되었다. 소화의 생리 기전 및 관련 연구에 기여한 바를 평가받아 1904년에 노벨생리의학상을 수상했다.

에드워드 손다이크 Edward Thorndike · 1874~1949

미국의 심리학자이며, 동물을 심리학 연구에 활용한 선구자이다. 그의 동물 학습 연구와 효과의 법칙은 강화 이론 및 행동 연구의 활성화에 기여했다. 또한 교육 현장에서 심리학의 발견들이 활용되는 데도 영향을 주었다.

B. F. 스키너 Burrhus Frederic Skinner · 1904~1990

미국의 심리학자이자 저술가이다. 1958년부터 1974년 은퇴할 때까지 하버드 대학교 심리학과 교수로 재직했다. 행동주의 심리학을 대표하는 학자로서 인간의 행동은 모두 환경에 의해 만들어진 결과물이라고 생각했다. 젊어서 작가를 꿈꾸고 영문학 학사학위를 받기도 했으나, 실험 과학이 자신의 적성에 더 맞는다는 것을 발견해 심리학으로 선회했다. 동물이 누를 수 있는 레버, 먹이 공급기, 반응 기록기로 구성된 실험 도구를 개발했는데, 이 도구는 '스키너 상자'라는 이름으로 불리며 조건 형성 연구에 널리 쓰였으며, 스키너는 20세기 가장 유명한 심리학자 중 한 명이 되었다.

존 B. 왓슨 John Broadus Watson · 1878~1958

미국의 심리학자로 행동주의 심리학의 창시자이다. 인간에게도 조건 형성이 가능하다는 것을 증명한 '어린 앨버트' 실험이 유명하다. 존스홉킨스 대학교의 교수였으며, 학교를 나온 후 광고업계에서 심리학의 영역을 개척했다. 행동주의 사조의 창시자로서 스키너 등 이후 심리학자들에게 큰 영향을 끼쳤다.

Q1　파블로프의 고전적 조건 형성에 대한 설명으로 옳지 않은 것은 무엇인가?

① 한번 소거된 조건 형성은 저절로 회복되지 않는다.

② 조건 형성을 위해 무조건 자극과 중립 자극을 함께 제시해야 한다.

③ 조건 형성이 된 중립 자극은 조건 자극이라고 부른다.

④ 파블로프는 자극에 의해 유발되는 개의 침 분비를 측정했다.

Q2　고전적 조건 형성에서 자극을 제시하지 않는 휴지기를 거친 후 중립 자극을 제시했을 때 다시 조건 반응이 나타나는 현상을 ＿＿＿＿＿＿＿＿＿(이)라고 한다.

Q3　손다이크와 스키너의 연구에 대한 설명으로 옳지 않은 것은 무엇인가?

① 손다이크는 무조건 자극의 제시 없이 학습이 일어나는 경우를 알아냈다.

② 손다이크의 효과의 법칙은 스키너의 연구에 영향을 주었다.

③ 스키너는 사람을 스키너 상자에 넣고 실험을 하였다.

④ 정해진 반응을 할 때마다 강화물을 주는 것을 연속 강화라고 한다.

Q4　매달 같은 날에 월급을 받는 것은 ＿＿＿＿＿＿＿＿ 강화 계획에 해당하며, 얼마나 도전해야 보상이 나오는지 알 수 없는 도박은 ＿＿＿＿＿＿＿＿ 강화 계획에 해당한다.

Q5　행동주의에 대한 설명으로 옳은 것은 무엇인가?

① 조작적 조건 형성 실험으로 유명한 스키너가 창시했다.

② 관찰과 측정이 가능한 대상만을 연구해야 한다는 것을 기본 아이디어로 삼는다.

③ 내면의 정신 작용을 정교하게 측정하려고 했다.

④ 1980년대까지 유행하며 심리학계를 주도했다.

왓슨의 '어린 앨버트' 실험

존 B. 왓슨은 행동주의의 선구자로 유명합니다. 그는 동물뿐만 아니라 인간에게도 조건 형성이 된다는 것을 1920년 '어린 앨버트(Little Albert)' 실험으로 보여주었습니다.

그는 이 실험에서 9개월 아이 앨버트에게 고전적 조건 형성을 시도했습니다. 먼저 앨버트가 흰쥐, 토끼, 개, 원숭이 등과 짧게 접촉하도록 했습니다. 정서적으로 문제가 없었던 앨버트는 특별한 공포 반응을 보이지 않았습니다. 이렇게 중립적인 반응을 확인한 후에 본격적인 실험이 시작됐습니다. 이번에는 앨버트가 흰쥐를 만질 때마다 큰 소리를 발생시켰습니다. 흰쥐와 접촉할 때마다 아이는 소리 때문에 놀라게 되었고, 스트레스를 받은 아이는 본래는 중립 자극이었던 흰쥐에게 공포를 느끼게 되었습니다. 그리고 나서는 희고 털이 있는 물건도 보여주었는데, 아이는 이렇게 흰쥐와 비슷한 사물에도 스트레스 반응을 보였습니다. 이를 조건 형성 학습의 '일반화'라고 합니다.

이 실험은 사람에게도 고전적 조건 형성 원리가 적용될 수 있음을 보여준 대표적인 실험입니다. 하지만 유아에게 강한 스트레스를 가하고 공포증을 유발한다는 윤리적 문제가 있었습니다. 어린 앨버트 연구가 나왔던 1920년대에는 아직 그런 윤리가 확고히 정립되기 전이었습니다. 이후 연구 윤리에 있어 여러 변화와 진전이 있었고, 오늘날에는 이런 심각한 윤리적 문제가 있는 실험은 당연히 할 수 없습니다. 영국 BBC가 제작한 「Finding Little Albert」에 의하면, 앨버트는 1919년 3월 9일에 출생한 더글러스 메리트라는 남아로 추정되고 실험 당시 돌 무렵이었습니다. 그는 1925년 6세경에 뇌염의 합병증으로 사망했다고 합니다.

왓슨은 만약 자신이 열두 명의 갓난아이를 마음대로 키울 수 있다면 의사부터 도둑까지 어떤 사람으로도 키워낼 수 있다고 말한 것으로도 유명합니다. 타고난 천성이나 각자의 개성보다는 환경과 양육 방식의 영향이 절대적이라는 환경 결정론의 견해를 저런 비유로 표현한 것이죠. 이러한 견해의 반대편에는 유전자 결정론이 있을 것입니다. 환경보다는 유전자에 의해 사람의 성격이나 취향이 결정된다는 것이죠. 현대 심리학은 양쪽의 극단을 모두 지양하고 있습니다. 유전과 환경은 함께 인간의 발달, 성향, 행동에 영향을 미치기 때문에 한쪽만을 강조하는 것은 왜곡된 인식을 낳을 수 있기 때문입니다.

06

PSYCHOLOGY

인지심리학

마음은 어떻게 정보를 처리하는가

인지주의 혁명

1957년 행동주의를 대표하는 심리학자 스키너는 한 권의 책을 펴냅니다.

언어 행동
(Verbal Behavior)

B. F. Skinner

언어 능력은 타고나는 것이 아닙니다!

인간의 언어 습득과 사용은 모방과 강화로 설명할 수 있습니다!

B. F. 스키너

절대 그렇지 않아! 아이가 스스로 규칙을 적용해서

어른이 사용하지 않는 단어를 사용하기도 하는데, 그게 어떻게 모방과 강화지?

노엄 촘스키

I goed there, and I breaked that.
(나 저기로 갔어. 그리고 저걸 깨뜨렸어.)

모방이라면 'went, broke'를 사용해야겠지요. 하지만 아이가 스스로 '-ed'를 붙이면 되겠다고 생각했기 때문에 'goed, breaked'라는 단어를 만들어내 사용한 것입니다.

촘스키는 조건 형성만으로는 언어 습득을 설명하지 못한다고 맹렬히 비판했습니다. 그는 마음에 대해 행동주의자들과는 완전히 다른 관점을 갖고 있었습니다.

할머니라고 해야지~.

엄맘마!

저건 모방이나 강화가 아니라 아이 스스로 규칙을 적용하고 시험해보는 거야.

인간에겐 언어를 익힐 수 있는 선천적인 장치가 있음이 분명해!

촘스키의 비판에 힘입어 1960년대부터 심리학은 행동주의에서 벗어나 행동으로 직접 드러나지 않는 인지 과정을 본격적으로 연구하기 시작합니다.

블랙박스 안도 연구해야 한다고!

이 움직임을 '인지주의 혁명'이라고 합니다.

인지주의는 인간의 사고를 **정보 처리**라는 관점에서 보는 것이 특징입니다.

인지(認知)
Cognition

자극을 받아들이고, 저장하고, 인출하는 일련의 정신 과정. 지각, 주의, 기억, 상상, 판단, 추리 등을 포함함.

인지란 간단히 말해 사고 과정이라고 보면 됩니다.

행동주의 관점

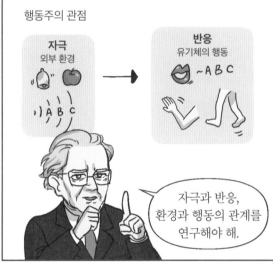

자극과 반응, 환경과 행동의 관계를 연구해야 해.

인지주의 관점

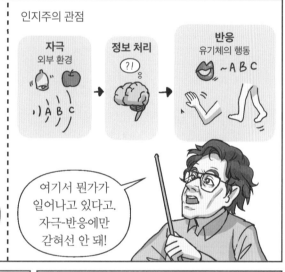

여기서 뭔가가 일어나고 있다고. 자극-반응에만 갇혀선 안 돼!

사실 촘스키의 비판 이전에도 인지주의의 싹은 있었습니다. 20세기 초반 심리학자들은 쥐를 이용한 미로실험을 많이 했습니다. 이 실험에서도 행동주의만으로는 설명되지 않는 현상이 발견됐죠.

인간들 때문에 내가 고생이 많다.

에헴, 1920년대부터 활약했던 심리학자인 내가 직접 설명을 해야겠군.

에드워드 톨먼

잠재학습

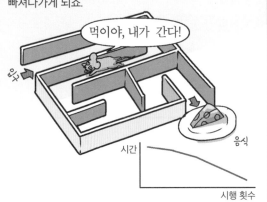

미로실험에서 쥐는 먹이라는 보상에 강화되어 빠져나가는 길을 학습합니다. 시행을 거듭할수록 쥐는 미로를 빨리 빠져나가게 되죠.

먹이야, 내가 간다!

입구

음식

시간

시행 횟수

하지만 먹이라는 보상을 주지 않으면 반복해서 미로를 탐색하게 해도 탈출 시간은 줄지 않고, 학습이 일어났다는 증거는 발견되지 않습니다.

입구

빈 접시

시간

시행 횟수

시간

예상

보상 투입 →

실제

시행 횟수

그런데 이 쥐에게 보상을 주기 시작하자 탈출 시간이 급격히 감소했어.

마치 길을 미리 학습했던 것처럼 말이야.

즉, 행동으로 드러나지 않았어도 미로에 대한 학습은 일어났던 거지. 이걸 **잠재학습**(latent learning)이라고 한다네.

내가 바보인 줄 아나? 먹이가 없어도 생각을 하고 기억을 한다고.

이렇게 행동으로 관찰되지 않더라도 마음속에서 무언가 일어나고 있던 것입니다.

이 인지 과정을 연구할 필요가 있다는 생각은 전부터 싹터오고 있었던 것이죠.

인지

그리고 컴퓨터의 발전도 인지적 접근이 유행하는 데 기여했죠.

컴퓨터가요?

짠~!

컴퓨터와 인지

1940년대에 최초의 컴퓨터 에니악(ENIAC)이 펜실베이니아 대학교에 설치, 운영되면서 컴퓨터가 대중에게도 알려지게 되었습니다.

한편 경제학자이자 심리학자인 허버트 사이먼은 컴퓨터의 정보 처리를 모델로 하여 인간의 심리 과정을 묘사할 수 있다는 논문들을 발표했지요.

허버트 사이먼

컴퓨터와 사람 모두 정보를 처리한다는 점에서 이렇게 비유할 수 있습니다.

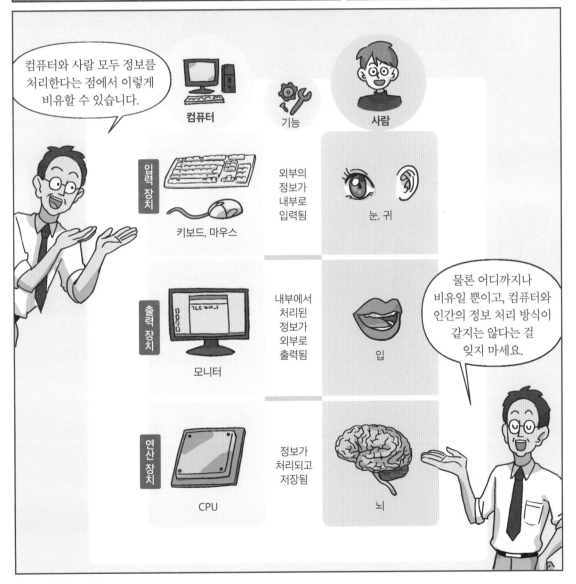

컴퓨터	기능	사람
입력 장치 키보드, 마우스	외부의 정보가 내부로 입력됨	눈, 귀
출력 장치 모니터	내부에서 처리된 정보가 외부로 출력됨	입
연산 장치 CPU	정보가 처리되고 저장됨	뇌

물론 어디까지나 비유일 뿐이고, 컴퓨터와 인간의 정보 처리 방식이 같지는 않다는 걸 잊지 마세요.

정보 처리 모형

심리학은 이제 눈에 보이는 행동뿐 아니라 보이지 않는 마음속 활동, 즉 주의나 기억 같은 것들을 본격적으로 연구하기 시작했습니다

관찰 가능한 행동만 연구하려는 흐름에서 벗어났다는 것이 인지주의의 전부는 아닙니다.

컴퓨터에 비유했듯이 마음의 작용을 정보 처리라는 관점에서 보았다는 특징도 잊지 말아야죠.

인지주의 흐름 속에서 기억도 정보 처리 모형으로 설명하는 시도가 이루어졌습니다.
대표적으로 1968년 앳킨슨(Atkinson)과 쉬프린(Shiffrin)이 발표한 **기억의 다중저장고 모형**이 있죠.

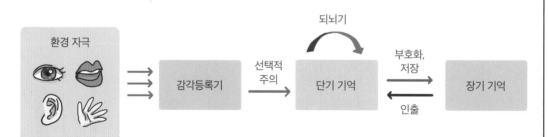

기억의 다중저장고 모형 흐름도

그리고 정보를 선택하는 과정인 주의에 대한 연구도 활발해졌죠.

주의와 변화맹 실험

감각기관에 도달한 자극은 모두 감각등록기에 입력됩니다. 하지만 그중 **주의**에 의해 선택된 정보만이 단기 기억에서 의식적으로 처리되죠.

주의가 일종의 여과기로 작용해서 필요 없는 정보는 걸러내는 것이죠. 인간은 주의를 기울이지 않은 정보에 대해선 놀라울 정도로 알아차리지 못한답니다.

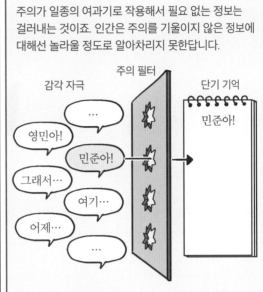

이와 관련해 1998년에 사이먼스(Simons)와 레빈(Levin)이 흥미로운 실험을 했습니다. 지나가는 사람에게 길을 묻는 실험인데요.

중간에 질문하는 사람을 다른 사람으로 바꿔치기합니다.

그런데 절반이 넘는 사람들이 질문자가 바뀐 걸 알아차리지 못했답니다.

작업 기억과 용량의 한계

주의와 기억 실험은 우리의 정보 처리 자원, 즉 인지적 용량에 한계가 있음을 시사합니다.

삐리릭 삐릭삐릭

용량이 가득 차서 더 이상 처리할 수 없습니다.

심리학자 조지 밀러는 우리의 단기 기억 용량이 평균 7개라는 연구로 큰 주목을 받기도 했지요.

사람은 단기 기억에 5~9항목, 평균 7개 정도만 간직할 수 있습니다.

조지 밀러

오늘날에는 단기 기억 대신 **작업 기억**이라는 용어를 더 많이 사용하는데요.

작업 공간이란 뜻인가?

단기 기억과 같은 뜻인가요?

같은 뜻은 아니에요. 단기 기억이라고 할 때는 단순히 정보를 보유하는 저장소만을 지칭한다면,

작업 기억은 정보를 조작하고 판단을 내리는 측면까지 포괄하는 것이죠.

작업 기억에서 심화 처리된 정보는 장기 기억으로 옮겨져 거의 영구히 저장됩니다.

영차!

작업 기억

장기 기억

이 과정을 **공고화**라고 합니다.

공고화되지 않은 정보는 장기 기억으로 넘어가지 않고 사라집니다. 잊히는 것, 즉 망각이죠.

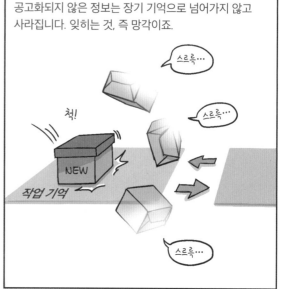

스르륵…

스르륵…

척!

작업 기억

NEW

스르륵…

공고화와 암기술

공고화에는 다양한 방법이 있습니다.

저녁은 저 식당에서 배달시켜 먹어야지.

앗, 핸드폰을 안 가지고 왔어! 전화번호 잘 못 외우는데….

무의미한 정보에 의미를 부여하거나, 기존에 저장되어 있는 정보들과 연관시키는 방법이 있죠.

가만 보자. 12월 30일은 내 생일이잖아. 1592년은 임진왜란이 일어난 해이고.

이른바 암기술은 공고화를 잘하는 요령이라고 할 수 있습니다.

그런데 공고화해서 저장을 잘하는 것만으로는 충분하지 않습니다. 나중에 떠올리기 위해선 **인출**하는 과정이 필요하거든요.

네 생일이 언제더라? 분명히 기억해뒀는데….

분명 알고 있는 내용인데 떠오를 듯 떠오르지 않는 경험을 해본 적이 있을 겁니다.

걱정하지 마. 단지 지금 인출이 안 되고 있을 뿐이니까.

결코 선물하기 싫어서가 아니야.

내일이야.

정말 장기 기억에 저장했는데도 떠올리지 못하는 경우죠.

분명히 방 안에 뒀는데, 어디 뒀는지 생각이 안 나네.

그래서 인출 단서를 잘 만들어두는 것도 중요합니다.

예를 들어, 두문자를 기억해두면 인출할 때 좀 더 유리하죠.

이온화 경향은 칼카나마알아철 니주납수구 수은백금!

오~, 옛날에 배운 걸 아직도 기억하네.

명시적 기억과 암묵적 기억

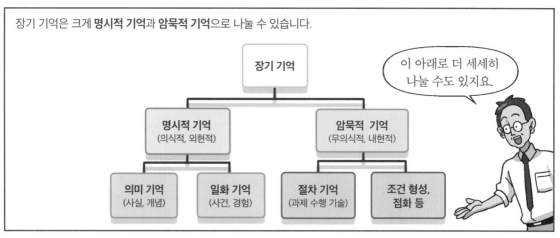

장기 기억은 크게 **명시적 기억**과 **암묵적 기억**으로 나눌 수 있습니다.

이 아래로 더 세세히 나눌 수도 있지요.

장기 기억

명시적 기억
(의식적, 외현적)

암묵적 기억
(무의식적, 내현적)

의미 기억
(사실, 개념)

일화 기억
(사건, 경험)

절차 기억
(과제 수행 기술)

조건 형성,
점화 등

명시적 기억은 우리가 일반적으로 기억이라 일컫는 것이고,

암묵적 기억은 무의식중에 저장되는 기억을 말합니다.

대표적으로 운동이나 과제에 익숙해지는 절차 기억이라는 것이 있습니다.

명시적 기억

암묵적 기억

난 의식도 없는 놈이었군.

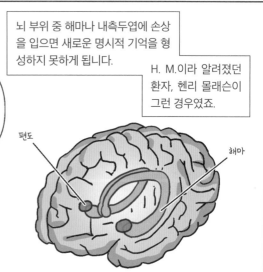

뇌 부위 중 해마나 내측두엽에 손상을 입으면 새로운 명시적 기억을 형성하지 못하게 됩니다.

H. M.이라 알려졌던 환자, 헨리 몰래슨이 그런 경우였죠.

편도

해마

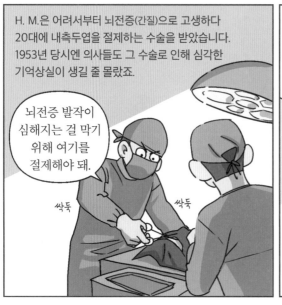

H. M.은 어려서부터 뇌전증(간질)으로 고생하다 20대에 내측두엽을 절제하는 수술을 받았습니다. 1953년 당시엔 의사들도 그 수술로 인해 심각한 기억상실이 생길 줄 몰랐죠.

뇌전증 발작이 심해지는 걸 막기 위해 여기를 절제해야 돼.

싹둑

싹둑

수술 이후 H. M.은 새로운 기억을 형성하지 못하게 되었습니다. 수술 전까지의 기억은 멀쩡했지만 말이죠.

이를 순행성 기억상실증이라고 합니다. 반대로 역행성 기억상실증은….

정답

과거의 기억을 잃어버리는 것을 말하는 거겠군요!

맞습니다.

기억상실증에 걸린 H. M.은 새로운 기억을 형성할 수 없어서 매일이 새로웠죠.

안녕하세요, 선생님. 그런데 누구신가요?

지난 1년 동안 당신을 담당했던 주치의입니다.

이처럼 H. M.은 명시적 기억을 형성할 수 없었지만 운동 기술 같은 절차적 기억은 형성할 수 있었습니다. 거울 보고 따라 그리기 과제를 통해서 알 수 있었는데요.

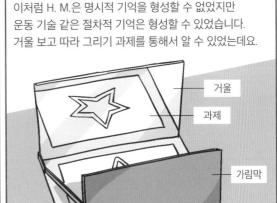

거울

과제

가림막

거울만 보고 원래 도형을 그려보세요.

이거 처음 하는 거라 너무 어렵네.

연습이 거듭되자 그의 그림은 나아졌습니다. 과제를 수행하는 요령, 즉 절차적 기억이 형성된 것이죠.

이거 처음 그리는 건데 잘 되네. 나한테 재능이 있나봐.

그게 아니라 일주일째 하고 있는데….

이 결과는 명시적 기억과 절차적 기억이 분리돼 있음을 보여주죠.

그렇군요, 신기하네요!

H. M.은 이렇게 기억 연구에 많은 공헌을 하고 82세의 나이로 세상을 떠났습니다.

그리고 이제 헨리 몰래슨이라는 본명으로 그를 기억하고 추모하고 있답니다.

불행한 일을 겪었지만 우리에게 많은 것을 남긴 분이시네요.

인지 편향과 휴리스틱

인지심리학에는 주의와 기억 외에도 많은 연구 주제가 있습니다.

말 그대로 인지가 사고 과정이다 보니 기억뿐만 아니라

끙차!

인지 편향
학습
의사결정
문제해결
언어
개념 형성

이것들까지 모두 인지심리학의 주제이죠.

인지심리학자 트버스키와 카너먼은 인간의 사고 습관인 **인지 편향**, 그중에서도 의사 결정을 할 때 사용하는 **휴리스틱**(heuristic)에 대해 연구했습니다.

휴리스틱은 시간과 정보가 부족해 체계적인 판단을 하기 어려운 상황에서

신속하게 사용할 수 있는 간편한 추론법을 말합니다.

휴리스틱은 **발견법** 또는 **어림법**이라고도 합니다.

일종의 주먹구구?

어림짐작?

휴리스틱은 일상에서 꽤 유용하게 쓰이지만 잘못된 판단으로 이끄는 경우도 많습니다.

대표적인 휴리스틱 두 가지를 알아보죠.

대표성 어림법

가용성 어림법

다음 질문에 답해볼까요?

영민 씨는 클래식 음악을 좋아하고, 쉴 때는 미술관을 둘러보는 것이 취미입니다.
영민 씨의 직업은 어느 쪽일 가능성이 더 높을까요?
Ⓐ 오케스트라의 트럼펫 주자　Ⓑ 배달기사

음… 저는…,

A일 거 같아요!

저도 A요! B는 아닐 것 같아요.

여러분은 오케스트라 단원이라고 답했으니 **대표성 어림법**을 사용한 것입니다.

묘사된 내용이 클래식 연주자를 더 잘 대표하고 있기 때문이죠.

전국에는 50개 정도의 오케스트라가 있는데, 트럼펫 주자가 3명씩 있다고 하더라도 150명 정도뿐입니다.

150명

20만 명

하지만 전국에 배달기사는 20만 명이 넘죠.

클래식 음악과 미술관을 좋아하는 사람이 어느 쪽에 더 많을까요?

배달기사 중 0.1%라 해도 200명입니다.

대표성에 휩쓸려 버렸네요.

양쪽 집단의 규모 차이를 생각 못했어요.

한편, **가용성 어림법**은 자신이 쉽게 떠올릴 수 있는 정보를 바탕으로 판단하는 것을 말합니다.

이 질문에 답해볼까요?

영어 단어에서 k로 시작하는 단어와 k가 세 번째 위치에 오는 단어 중 어느 쪽이 더 많을까요?

이건 당연히 k로 시작하는 단어죠~!

당연히 전자죠. ㅎㅎ

많은 사람이 k로 시작하는 단어가 더 많다고 대답하는데, 그런 단어들이 더 쉽게 떠오르기 때문입니다.

하지만 실제로는 k가 세 번째 위치에 오는 단어가 더 많아요.

king
kitchen
kind

<

token
make
take
acknowledge
ask

오 마이 갓!

이렇게 생각하는 것도 일종의 가용성 어림법에 근거한 편향입니다

나는 이것도 하고 저것도 했으니, 분명 나의 기여도가 제일 많을 거야.

나 없으면 우리 모둠 어쩔 뻔 ㅎㅎ

모둠활동을 하고 평가할 때

자기가 한 활동은 모두 떠올릴 수 있기 때문에 가용성이 높은 정보입니다. 반면 남이 한 활동들은 그렇지 않죠. 아마 각자 기여분을 백분율로 적어 내라고 하면 합쳐서 100%가 넘을 것입니다.

분명 나의 기여도가…

….

내가 최고일 거야!

확신

확신

이런 어림법들이 무조건 잘못된 것은 아닙니다.

시간과 자원이 부족한 상황에서 신속하게 판단해야 할 때 도움이 되는 경우도 있습니다.

하지만 정확한 결정이 필요할 때는

우리가 어떤 인지 편향을 갖고 있는지 고려해가면서 신중하게 판단해야 할 것입니다.

네….

인지 편향

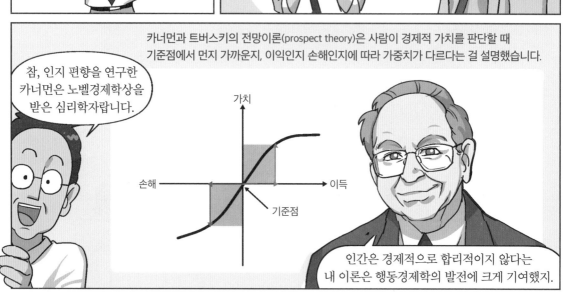

카너먼과 트버스키의 전망이론(prospect theory)은 사람이 경제적 가치를 판단할 때 기준점에서 멀지 가까운지, 이익인지 손해인지에 따라 가중치가 다르다는 걸 설명했습니다.

참, 인지 편향을 연구한 카너먼은 노벨경제학상을 받은 심리학자랍니다.

가치

손해

이득

기준점

인간은 경제적으로 합리적이지 않다는 내 이론은 행동경제학의 발전에 크게 기여했지.

인지심리학 연구

이 밖에도 인지심리학은 매우 다양한 주제를 연구합니다. 인간의 문제해결 능력과 창의성을 연구하기도 하고요.

두 끈을 동시에 잡으려면 어떻게 해야 할까요? 도구를 창의적으로 이용해야 문제를 풀 수 있습니다.

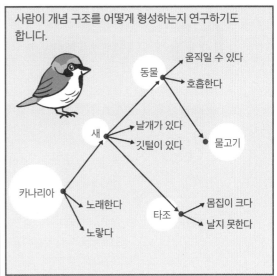

사람이 개념 구조를 어떻게 형성하는지 연구하기도 합니다.

- 동물
  - 움직일 수 있다
  - 호흡한다
- 새
  - 날개가 있다
  - 깃털이 있다
- 물고기
- 카나리아
  - 노래한다
  - 노랗다
- 타조
  - 몸집이 크다
  - 날지 못한다

이 장 처음에 언어학자 촘스키가 나왔죠? 언어심리학도 인지심리학의 한 갈래입니다.

난 심리학자는 아니고 언어학자야.

촘스키

후훗

하지만 심리학에 영향을 많이 주었지.

언어심리학자들은 언어가 어떻게 처리되는지 알아내기 위해 특별한 도구를 사용하기도 하죠.

내 시선이 어느 단어에 머무르는지 측정하는 거구나.

이건 시선을 추적하는 아이트래커 (eye tracker)예요.

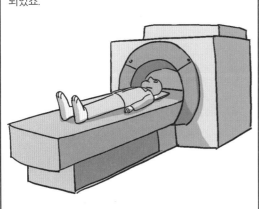

최근에는 뇌영상기법을 활용하는 경우가 많습니다. 3강에서 배운 fMRI를 기억하나요? 첨단기술 덕에 여러 인지 기능과 뇌의 관계를 더 정교하게 연구할 수 있게 되었죠.

인지심리학은 이렇게 다양한 주제를 연구하는 심리학의 중추 분야랍니다.

교수님, 잡았어요.

펜치를 추처럼 이용하는 거구나.

교수님 강의를 들으니 더 공부해보고 싶네요!

06 | 3분 정리
인지심리학

요약 노트 *Summary*

인지심리학
→ 인지심리학은 주의, 언어 사용, 기억, 추론, 문제해결, 창의성 같은 인간의 사고 과정을 연구하는 분야이다. 행동주의의 퇴조와 함께 1960년대부터 본격적으로 연구가 이루어졌다.

인지주의 혁명
→ 컴퓨터의 등장은 인간의 정신 활동을 컴퓨터에 빗대어 설명하고, 정보 처리적 관점에서 인간의 심리를 연구하도록 이끄는 계기가 되었다.

→ 에드워드 톨먼은 보상이 없을 때도 잠재적으로 학습이 일어난다는 것을 쥐의 미로 찾기 실험으로 보여주었다. 잠재학습 현상은 인지 과정을 연구할 필요성을 시사했다.

→ B. F. 스키너는 1957년 행동주의 관점에서 언어학습을 설명하는 『언어 행동(Verbal Behavior)』이라는 책을 펴냈다. 1959년 언어학자 노엄 촘스키는 모방이나 강화로 설명할 수 없는 아이의 발화 등을 근거로 이 책의 행동주의적 관점을 강하게 비판하였다.

→ 위와 같은 일들이 계기가 되어 행동주의가 쇠퇴하고, 행동 이면에서 일어나는 사고 작용을 정보 처리적 관점에서 연구하는 인지주의가 부상하게 되었다.

**인지와
정보 처리**
→ 인지주의는 관찰 가능한 행동만을 연구하는 것에서 벗어났다는 의미만 지닌 것은 아니다. 정신 활동을 정보 처리적 관점에서 연구한다는 것 역시 인지주의의 중요한 특징이다.

→ 기억의 다중저장고 모형은 인간이 어떻게 외부 정보를 받아들이고, 선택하며, 심화 처리를 하고, 저장하는지를 설명하는 모형이다. 즉, 지각, 주의, 기억 같은 인지 기능의 작용과 관계를 모형 내에서 설명한다.

→ 주의는 감각기관을 통해 입력된 정보 중에서 의식적 처리가 필요한 정보만을 걸러내는, 일종의 여과기로 작용한다. 인간의 인지 용량에는 한계가 있기 때문에 모든 정보를 의식적으로 처리할 수는 없다.

→ 단기 기억의 용량은 7±2라고 알려져 있다. 단기 기억에서 심화 처리, 즉 공고화를 거친 기억은 장기 기억에 저장된다. 장기 기억에 저장된 정보를 다시 떠올리는 것을 인출이라고 한다.

→ 장기 기억은 크게 명시적 기억과 암묵적 기억으로 구분된다. 뇌 손상 환자 헨리 몰래슨(H. M.)의 경우 새로운 명시적 기억을 형성하지는 못했지만 암묵적 기억은 형성할 수 있었다. 이는 두 기억의 신경 기제가 다름을 시사한다.

인지 편향	→ 인지 편향이란 비논리적 추론으로 잘못된 결론을 끌어내는 인간의 사고 습관을 말한다.
	→ 인간은 충분하지 않은 시간과 자원의 한계 내에서 신속하게 판단을 내리기 위해 휴리스틱(발견법, 어림법)을 사용한다. 휴리스틱을 이용하면 인지 자원을 적게 쓰면서 빠른 판단을 할 수 있지만, 올바른 판단을 보장하지는 못한다.
	→ 대표성 어림법: 대표성에 기반해 빈도와 확률을 판단하는 휴리스틱.
	→ 가용성 어림법: 쉽게 떠올릴 수 있는지를 기준으로 빈도와 확률을 판단하는 휴리스틱.

주요 학자 *Scholars*

노엄 촘스키 Noam Chomsky · 1928~

미국의 언어학자, 철학자, 인지과학자, 사회운동가이다. 20세기 언어학에서 가장 중요한 학자로서 변형생성문법 이론을 창시하였으며, 인간만이 선천적으로 언어 능력을 타고난다고 보았다. 또한 스키너의 행동주의적 언어관을 비판하여 인지주의 혁명에 큰 영향을 끼친 학자이기도 하다. 자유주의적 사회주의를 지지하는 지식인으로서 미국의 제국주의 정책과 편향된 미디어를 비판하는 등 사회 비평가로서도 활발한 활동을 했다.

에드워드 톨먼 Edward Tolman · 1886~1959

미국의 심리학자이다. 전기화학으로 학사학위를 받는 등 본래 자연과학을 공부했으나, 윌리엄 제임스의 『심리학의 원리』를 읽고 감명을 받아 심리학을 공부하는 것으로 선회했다. 행동주의 학파에 속하며 행동주의의 엄격한 방법론을 준수했다. 하지만 인지 기능의 의의를 부정하지 않았고, 강화가 없이도 학습이 일어난다고 보았다. 톨먼이 수행한 잠재 학습 연구는 일찌감치 인지심리학 연구의 가능성을 제시한 것으로 평가된다.

허버트 사이먼 Herbert Simon · 1916~2001

미국의 경제학자이자 심리학자, 컴퓨터과학자이다. 제한된 합리성에 대한 이론으로 1978년 노벨경제학상을 수상했다. 이는 이전까지 경제학이 가정했던 인간의 합리성에 의문을 제기하는 연구였으며, 훗날 행동경제학이란 새로운 경제학 분야로 꽃피게 된다. 사이먼은 다양한 학문 분야를 넘나드는 연구를 하였으며, 인간의 사고를 정보 처리적 관점에서 연구하는 길을 닦은 대표적 학자이다.

조지 밀러 George Miller · 1920~2012

미국의 심리학자이며, 인지심리학이란 분야를 확립시킨 학자들 중 한 명으로 평가된다. 실험 연구와 수학적 기법을 활용해 언어를 연구하여 언어심리학의 탄생에 기여한 학자이며, 촘스키와 협업하기도 했다. 또한 기억을 연구하여 인간의 단기 기억 용량이 7±2라고 제시했다.

아모스 트버스키 Amos Tversky · 1937~1996

이스라엘의 인지심리학자이다. 의사결정 및 판단에서의 인지 편향, 그리고 비합리적인 인간의 경제적 선택을 연구했다. 카너먼과 함께 행동경제학의 토대를 형성한 기념비적 이론인 전망 이론(prospect theory)을 만든 학자이기도 하다. 카너먼은 이 이론으로 2002년 노벨경제학상을 수상했으나, 생존자에게만 상을 수여하는 노벨상의 원칙상 트버스키는 수상하지 못했다.

대니얼 카너먼 Daniel Kahneman · 1934~

이스라엘의 인지심리학자이다. 판단, 의사결정 등을 연구했다. 행동경제학에 큰 영향을 끼친 전망 이론으로 2002년 노벨경제학상을 수상했다. 인간의 사고 시스템에는 직관적이고 신속한 결정을 하는 시스템1과 느리지만 합리적인 결정을 하는 시스템2가 있고, 쉽고 일상적인 작업에는 전자를, 심사숙고해야 할 작업에는 후자를 활용한다는 이론을 제시하기도 했다.

퀴즈 *Quiz*

Q1 인지주의는 행동주의를 벗어난 것에 그치는 것이 아니라 정신을 _____적 관점에서 연구했다는 데에 특징이 있다.

Q2 인지주의 혁명과 관련한 설명으로 틀린 것은?
  ① 언어학자 촘스키는 심리학자 스키너의 『언어 학습』을 통렬히 비판했다.
  ② 허버트 사이먼은 인간의 심리를 컴퓨터의 정보 처리에 빗대어 묘사할 수 있다고 보았다.
  ③ 에드워드 톨먼은 보상이 없을 때는 쥐에게 아무런 학습이 일어나지 않음을 증명했다.
  ④ 1960년대부터 심리학은 행동주의에서 벗어나 인지 과정을 본격적으로 연구하기 시작했다.

Q3 다음 중 더 깊이 처리할 정보를 선별하는 심리 기능은 무엇인가?
  ① 주의   ② 부호화   ③ 공고화   ④ 인출

04 사이먼스와 레빈의 1998년 실험에서 사람들은 길을 묻는 상대방의 모습에 큰 주의를 기울이지 않았기 때문에 상대방이 바뀌어도 알아차리지 못했다. 이러한 현상을 _____(이)라고 한다.

05 기억에 대한 설명 중 옳은 것은?

① 장기 기억은 크게 의미 기억과 일화 기억으로 나뉜다.

② H. M.은 순행성 기억상실증을 앓았다.

③ 단기 기억의 용량은 무한대이다.

④ 공고화를 거쳐 저장된 정보는 항상 장기 기억으로부터 인출할 수 있다.

06 _____ 어림법이란 정보를 쉽게 떠올릴 수 있는지를 기준으로 빈도나 확률을 판단하는 방법을 말한다.

일화 기억과 의미 기억

장기 기억에서 명시적 기억은 다시 일화 기억(episodic memory)과 의미 기억(semantic memory)으로 나눌 수 있습니다. 일화 기억은 경험에 관한 기억, 의미 기억은 사실에 관한 기억을 말합니다. 예를 들어 경주로 수학 여행을 다녀왔다고 합시다. 친구들과 불국사를 구경하며 감탄하고 빵을 맛있게 먹은 경험을 떠올린다면, 이것은 일화 기억입니다. 한편 불국사는 신라시대에 지어진 절로서 경주에 있다는 것을 떠올린다면 이것은 의미 기억입니다. 일화 기억의 특징은 기억을 떠올리면서 마치 그 일을 다시 체험하는 것처럼 느낀다는 것입니다. 마음속으로 시간여행을 하는 것처럼 말이죠. 반면 의미 기억에는 이런 체험적 속성이 없고 이미 알고 있는 사실을 상기할 뿐이죠.

두 기억의 뇌신경 기전이 다르다는 증거도 있습니다. K. C.라는 환자(Rosenbaum et al., 2005)는 사고로 뇌를 다친 후 예전에 자신이 경험했던 사건들, 즉 일화 기억을 잘 떠올리지 못했습니다. 반면 의미 기억, 즉 사실에 대한 기억은 남아 있었습니다. 예를 들어, 그는 형이 2년 전에 사망했다는 사실은 기억할 수 있었는데요. 하지만 형의 장례식 등 그 사건과 관련된 자신의 경험은 떠올리지 못했습니다. 한편 뇌염을 앓은 후 반대의 증상을 보인 이탈리아 여성의 사례(DeRenzi et al., 1987)도 보고되었습니다. 이 여성은 베토벤이 어떤 사람인지 등 의미 기억을 떠올리지 못하는 증상을 보였습니다. 하지만 여전히 자신이 무엇을 했고 어떤 경험을 했는지 등 일화 기억은 떠올릴 수 있었습니다.

이렇게 두 기억의 신경 기전은 다르지만 일상 경험에서 일화 기억과 의미 기억은 뒤엉켜 있습니다. 한 이탈리안 레스토랑에서 맛있는 파스타를 먹으며 데이트를 했다고 합시다. 이 경험에는 데이트를 하며 즐거움을 느낀 일화적 성분이 있고, 그 레스토랑은 파스타가 맛있다는 의미적 성분도 있죠. 그런데 시간이 지날수록 경험한 사건에 대한 일화적 성분은 망각되고 의미적 성분만 남게 되는 경향이 있습니다. 즉, 옛날 사건을 다시 체험하는 듯 떠올리는 것(일화 기억)은 어려워지고, 사실에 대한 간략한 명제(의미 기억)만 떠올릴 수 있게 되는 것이죠. 그러므로 오래전 데이트 때 나눴던 얘기는 떠올리지 못하고 파스타가 맛있는 집이라는 것만 기억한다고 해서 사랑이 식은 것은 아닙니다. 우리 기억 체계가 그렇게 작동할 뿐이죠.

발달심리학

아이와 어른의 마음은 다르다

정신적 능력의 발달

발달심리학은 사람이 태어나고 자라면서 정신적 기능이 어떻게 성장하고 변화하는지를 연구하는 심리학의 한 분야입니다.

환경에 적응하고 기본적인 감각정보들을 처리하기 위해선 감각기관과 신경계가 성숙해야 하므로

발달심리학은 신체의 발달도 다루게 됩니다.

예를 들어, 아이가 선명히 보지 못하다가 점차 또렷이 볼 수 있게 되는 건 신체 발달이면서 지각의 발달이기도 하죠.

출생 직후

4개월

7개월

12개월

하지만 감각기관이 충분히 성숙하더라도 아동이 바로 성인처럼 세상의 정보들을 인식하고 판단할 수 있게 되는 것은 아닙니다.

제 감각기관은 성인과 완전히 똑같아요~!

그래도 술은 안 돼.

아동의 신체기관 성장뿐 아니라 정신적 능력의 변화에 대해서도 알아야 발달에 대해 제대로 이해할 수 있습니다.

그렇군요.

오~.

끄덕

끄덕

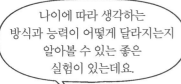

당연히
바구니죠!

지우는 다은이가
구슬을 옮긴 걸 모르니까
자기가 넣어두었던 바구니에
구슬이 있는 줄 알겠죠!

너무 쉬워요.
ㅋㅋㅋㅋ

여러분은 어른이니
그렇게 답하겠죠.

하지만 여기
세 살짜리 아이라면
다릅니다.

네에?!

지우가 아는 것과 다은이가 아는 것이 다를 수 있음을 추론하는
능력이 아직 발달하지 않았기 때문이죠.

상자에서
찾아요. 구슬을 옮겼잖아요.
그러니까 상자를
열어봐요.

사람은 타인의 다른
마음 상태에 대한 이론, 즉
마음 이론(theory of mind)을
형성한다고 알려져 있는데요.
대략 3.5~4.5세가 돼야
생긴다고 합니다.

당연하다고
생각했던 사고능력도
발달 과정에서
습득하는 거군요.

그렇구나!

네, 인간의 심리는
나이와 상관없이 똑같지
않습니다. 태어나
자라면서 변하죠.

그런 변화를 연구하는 분야가 바로 발달심리학입니다.
발달심리학의 연구 주제는 태아부터 노인까지 모든 연령대를
포괄합니다. 하지만 아무래도 눈에 띄는 변화가 많이 일어나는
아동기 연구가 가장 활발하답니다.

피아제의 발달 이론

발달 연구의 문을 연 선구적인 학자로 그 유명한 장 피아제가 있습니다.

> 난 스위스 출신의 심리학자라네.

> 애들은 아는 게 적어서 그렇지 생각하는 건 어른과 똑같다니까. 애나 어른이나 머리로 생각하는데, 무슨 차이가 있겠어.

> 암, 그렇고말고.

> 아니야. 아동은 자신만의 사고방식으로 환경을 탐구하는 주체라고.

피아제는 이미 1920년대부터 정보 처리의 주체라는 관점에서 아동의 발달을 연구했는데요. 자기 아이들을 주의 깊게 관찰하면서 아동만의 사고 특징과 변화를 발견했습니다.

> 애들 좀 보랬더니 뭐 하고 있는 거예요?

> 잘 보고 있잖아.

그의 연구는 인지발달이라는 분야를 사실상 탄생시킨 것이나 마찬가지였습니다.

> **인지발달**
> 인간의 인지 능력, 즉 지각·기억·언어·추론능력 등이 나이에 따라 어떻게 발달하는지를 연구하는 분야

> 그 외에도 발달 영역에 따라 다양한 분야가 있죠.

> 신체발달
> 정서발달
> 사회성발달
> 도덕성발달

피아제 이전의 학자들은 아동을 발달의 수동적 대상으로만 보는 경향이 있었습니다.

유전에 의해 정해진 대로 발달하는 거야.

무슨 소리? 양육 방식에 따라 발달하는 거야.

유전 VS 양육

피아제에 따르면 아동은 유전적으로 정해진 대로 발달하는 존재도 아니고, 모방만 하면서 수동적으로 학습하는 존재도 아닙니다.

아이들은 호기심 많은 과학자 같은 존재야.

우리처럼 가설을 세우고 검증한다는 점에서 아이들도 과학자라는 거지.

아동은 모방하고 수용하기만 하는 존재가 아니라, 세상과 상호작용하며 무엇이 일어날지를 살피고 탐구하는 주체라는 것입니다.

피아제는 아동의 세상에 대한 탐구 과정을 도식이라는 개념으로 설명했습니다.

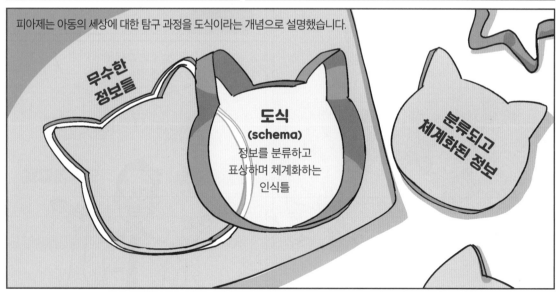

무수한 정보들

도식
(schema)
정보를 분류하고 표상하며 체계화하는 인식틀

분류되고 체계화된 정보

아동은 다음과 같이 경험을 통해 도식을 형성합니다.

곰 인형은 떨어트리면 바닥에 가만히 있는데,

고무공은 바닥에 튕겨 올라오네! 동그란 모양은 모두 통통 튀는구나~!

마주친 대상을 기존의 도식으로 해석하는 것을 **동화**(assimilation)라고 합니다.

저것도 동그랗네. 튕겨볼까?

에휴, 토마토가 왜 이리 비싸….

그리고 새로운 경험에 따라 도식을 바꾸는 것을 **조절**(accommodation)이라고 합니다.

으응? 동그랗다고 다 튕기는 게 아니었네?!

아동의 세상에 대한 학습은 스스로 가설을 세우고 조절하는 과정인 것이죠.

이것도 맛있고, 저것도 맛있네!

가설: 빨간 과일은 맛있다

피아제는 최초로 지능검사를 개발한 알프레드 비네의 연구실에서 아동의 지능을 측정하는 일을 하기도 했습니다.

피아제는 내 밑에서 일을 했지!

알프레드 비네

흠, 저 친구 열심이군….

비슷한 연령대의 아이들이 검사에서 같은 실수를 하는 걸 보면, 성인과 다른 아이들만의 추론방식이 있는 게 분명해.

인지발달 단계

피아제는 지능검사를 비롯해 다양한 경험과 연구를 바탕으로
아동의 사고능력이 질적으로 다른 네 단계를 거치며 발달한다는
이론을 제시하게 됩니다.

감각운동기   자극에 대한 반응이 중심인 시기입니다. 아동은 감각 능력과 운동 기술을 사용해 외부 환경과
(0~2세)   상호작용합니다. 이 시기 아동은 **대상 영속성**을 습득하게 됩니다.

대상 영속성은 현재 지각되지 않는 대상도 계속 존재한다는 것을 아는 것입니다.

6개월

대상 영속성이 발달하기 전에는 눈에 안 보이면 그 대상은 없는 것이라고 여깁니다.

곰돌이, 이제 없네.

그래서 눈에만 안 보이는 물체인데도 찾으려 하지 않죠.

다른 놀 거 없나?

반면 대상 영속성 개념을 습득한 아동은 다릅니다.

12개월

가려져 보이지 않더라도

곰인형이랑 더 놀고 싶어.

그 물체가 그 자리에 있다는 걸 알죠.

여기 있다!

전조작기　조작(operation)이란 논리적으로 대상을 분리, 결합, 변형하는 것으로, 이 시기엔 조작적 사고를 못하므로
(2~7세)　전조작기라고 합니다. 자기중심적 사고에 의존하며 겉으로 드러난 요소만으로 상황을 판단합니다.

구체적 조작기　구체적인 사물에 대해 조작적 사고가 가능해집니다. 모양이 바뀌어도 부피는 변하지 않음을
(7~11세)　이해하는 **보존 개념**이 발달하고 사물을 속성에 따라 분류할 수 있게 됩니다.

형식적 조작기　형식적 개념의 조작이 가능합니다. 즉, 추상적인 개념들을 조작해 가설적 사고를 할 수 있으며,
(11세 이후)　은유와 풍자도 이해할 수 있게 됩니다.

참, 주의할 것이 있는데, 각 단계의 나이는 예시일 뿐입니다. 피아제가 강조한 건 단계의 나이가 아니라 순서입니다.

피아제는 선행 단계를 완료해야 다음 단계의 사고가 가능하다고 주장했습니다.

이 계단을 올라야 다음 계단으로 갈 수 있어.

끙차!

이후 연구에 따르면, 호주 원주민부터 미국 아동에 이르기까지 전 세계에서 인간의 사고가 피아제가 제안한 순서에 따라 발달한다는 사실이 지지되고 있습니다.

나도!

나도!

나도!

나도!

하지만 피아제가 주장했던 것보다는 단계가 좀 더 연속적이고 중첩적이라는 것이 현대 심리학자들의 의견입니다.

이렇게 딱딱 나뉘어진다기보다는

1 2 3 4

이렇게 중첩돼 있다는 거죠.

1 2 3 4

피아제가 인지 능력을 중심으로 발달을 연구한 반면 에릭 에릭슨 같은 학자는 사회성 발달을 중심으로 발달 단계를 논했습니다.

난 발달심리학자이면서 정신분석학자이지.

내가 주장하는 건…

8강 성격심리학에서 한 번 더 나올 거야.

에릭 에릭슨

안정적으로 **애착**을 형성한 아동은 기본 신뢰감, 즉 세상은 예측 가능하고 신뢰해도 된다는 느낌을 바탕으로 삶에 접근한다는 것이네.

그리고 그런 기본 신뢰감의 형성은 초기 양육 방식에 달려 있다네.

애착 단계

애착 형성 단계(6주~8개월)

애착 단계(6개월~18개월)

상호관계 형성 단계(12개월~2세)

애착 유형

한편 에인스워스는 애착 유형을 낯선 상황 실험을 통해 연구했습니다

실험 장소는 아이들이 좋아하는 놀이방입니다.

① 놀이방 입장: 부모는 아이에게 관여하지 않는다.

② 낯선 사람이 들어와서 부모와 이야기하며 아이에게 다가간다. 부모는 아이가 보고 있는 동안 방을 나간다.

③ 첫 번째 분리: 3분 동안 아이가 낯선 사람과 실험실에 남겨진다.

Check point
낯선 사람에 대한 반응 관찰

④. 첫 번째 재결합: 부모가 다시 들어와 아이와 재회하고 위로한다. 그리고 잠시 후 다시 나간다.

엄마 잠깐 화장실 갔다 올게.

Check point
부모에 대한 반응 관찰

⑤ 두 번째 분리: 아이는 혼자 남는다.

Check point
분리불안 관찰

⑥ 두 번째 분리 계속: 다시 낯선 사람이 들어와서 아이의 행동에 반응을 해준다.

Check point
낯선 사람에 의한 진정 여부 관찰

⑦ 두 번째 재결합: 부모가 들어오고 아이를 달랜다. 낯선 사람은 눈앞에서 나간다.

Check point
부모에 대한 반응 관찰

안정애착

불안정-회피애착

발달심리학 연구

발달심리학에서 얘기할 거리들은 이 밖에도 매우 많습니다.

발달 시기에 따라 뇌와 감각기관들은 어떤 발달 과정을 거치는가?

UPGRADE

어떻게 아이는 모국어를 자연스럽게 익히게 되는가?

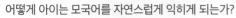

가나다라

성 역할이나 도덕적 행동은 어떻게 발달하는가?

사람은 왜 아주 어렸을 때 일을 기억하지 못하는가?

가족, 학교, 미디어 같은 환경은 발달에 어떤 영향을 미치는가?

여기서 모두 다 설명할 수 없을 정도로 많습니다. 인간 심리와 관련된 거의 모든 변화 과정을 다룬다 해도 과언이 아닙니다.

진짜 많네!

앗, 나 떠내려간다!

발달심리

발달심리

발달심리

발달심리

또 매우 기발한 실험 방법을 많이 개발해내는 분야이기도 하죠.

아이에겐 말로 복잡한 지시를 하거나 설문지를 작성하라고 할 수 없으니까요.

예를 들어, 발달심리학자들은 고개를 가누지도 못하는 갓난아기도 연구하는데요. 그때는 공갈젖꼭지를 빠는 속도를 측정해 알아내기도 한답니다.

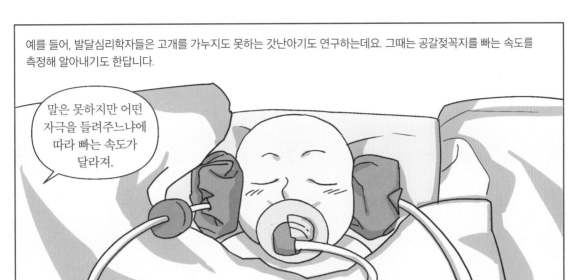

말은 못하지만 어떤 자극을 들려주느냐에 따라 빠는 속도가 달라져.

깊이를 지각하는 능력을 이런 실험도구로 알아보기도 하고요.

투명한 판

앗, 낭떠러지. 하지만 엄마가 부르고 있어.

깊이 지각이 발달한 아이는 이 지점으로 나아가는 걸 망설임.

최근에는 점점 수명이 길어지고 노인 인구가 늘어나고 있기 때문에 아동을 넘어 성인기 및 노년기 발달에 대해서도 관심이 커지고 있답니다.

껄껄껄! 이젠 100세 시대니까.

더 궁금하면 발달심리학을 다룬 책들이 많이 있으니 찾아보세요.

아주 재밌는 분야랍니다.

다음에요~. ㅎㅎ

유아 발달심리학

성인 발달심리학

언어발달

정서발달

도덕성발달

07 | 3분 정리
발달심리학

요약 노트   *Summary*

발달심리학
→ 인간이 성장해가면서 연령 및 환경에 따라 정신과 행동이 어떻게 변화해가는
지를 다루는 심리학의 한 분야이다.

→ 연령에 따른 변화는 아동기에 두드러지므로 아동기에 대한 연구가 가장 많이
이루어졌다. 하지만 고령화사회가 되면서 성인 및 노년기에 대한 연구도 활발
해지고 있다.

→ 발달심리학에서는 가장 기초적인 신체 및 감각의 발달을 비롯해 인지 능력,
언어, 정서, 자기 개념, 성 역할, 도덕성 발달 등 다양한 영역의 발달을 연구하
며, 발달과 관련한 가족 및 사회 환경까지 다룬다.

마음 이론
→ 사람마다 서로 다른 마음 상태를 지니고 있어서 보고 느끼고 아는 바가 다르
다는 걸 추론하는 능력을 말하며, 3.5~4.5세 즈음에 획득하게 된다.

피아제의
인지발달 이론
→ 피아제는 아동을 발달의 주체로 여겼다. 그에 따르면 아동은 스스로 세상에
대해 가설을 세우고 실험을 하며 수정하는 탐험가이자 과학자이다.

→ 도식(schema)이란 대상을 인식하는 틀로서, 아동은 경험을 통해 나름의 도식을
형성한다. 기존 도식을 이용해 새로운 대상을 인식하는 것을 동화(assimilation)
라고 하며, 새 대상이 도식과 맞지 않는 경험을 하고 기존 도식을 수정하는 것
을 조절(accomodation)이라 한다.

피아제의
인지발달 단계
→ 피아제는 연구를 통해 아동의 인지발달을 다음의 네 단계로 설명하였다.

① 감각운동기(0~2세): 감각 능력과 운동 기술을 사용해 환경과 상호작용하는
시기이며, 이 시기에 대상 영속성을 습득하게 된다.

② 전조작기(2~7세): 자기중심적 사고에 의존하며 겉으로 드러난 요소만으로
상황을 판단하는 시기이며, 아직 조작적 사고를 하지 못한다.

③ 구체적 조작기(7~11세): 구체적인 사물에 대한 조작적 사고가 가능해진다.
보존 개념이 생기고, 속성에 따라 사물을 분류할 수 있게 된다.

④ 형식적 조작기(11세 이후): 추상적 개념을 조작해 가설적 사고를 할 수 있게
된다.

→ 피아제는 각 단계에 이르는 나이는 아동마다 다를 수 있지만 순서는 유지된다
고 주장했다.

볼비의 애착 단계 → 존 볼비는 유대 관계 발달을 연구했으며, 아동이 주 양육자와 애착을 형성하는 네 단계를 제시했다.

① 애착 전 단계(출생~12주): 신체 접촉에 민감하게 반응하며, 엄마를 인식하기는 하지만 애착 대상이 고정되어 있지는 않다.

② 애착 형성 단계(6주~8개월): 친숙한 사람과 낯선 사람을 구분하여 선택적으로 반응한다.

③ 애착 단계(6개월~18개월): 양육자에게 능동적으로 접근하는 시기이다. 주 양육자와 계속 접촉해 있으려 하며 떨어지면 분리불안을 보인다.

④ 상호관계 형성 단계(12개월~2세): 양육자와 자신이 다른 개체임을 이해하며 분리불안이 감소한다. 양육자가 항상 자기 곁에 있을 수는 없음을 이해하고, 자신의 욕구 충족을 위해 양육자와 협상하고 타협하려 한다.

에인스워스의 애착 유형 → 에인스워스의 낯선 상황 실험

낯선 환경에 처한 아이에게 부모와의 반복적인 분리 및 재결합 상황을 제시하며 아이의 행동을 관찰한다. 주 양육자와 아이의 애착 유형을 알아보는 실험이며, 애착 유형에 따라 양육자의 양육 태도도 유추할 수 있다.

→ 애착 유형

① 안정애착: 일관되고 긍정적인 양육 태도를 보인 경우. 아이는 양육자의 존재에 안심을 느끼고, 적극적으로 새로운 환경을 탐색한다.

② 불안정-회피애착: 아이의 요구에 잘 반응하지 않은 경우. 낯선 상황에서 양육자를 회피하며 재회해도 반기지 않는다.

③ 불안정-저항애착: 비일관적인 양육 태도를 보인 경우. 불안 때문에 주변 공간을 탐색하지 못하고, 양육자와 재회했을 때 분노를 표한다.

④ 불안정-혼란애착: 아동 학대 또는 양육자 자신이 애착에 심각한 문제가 있는 경우. 낯선 상황에서 높은 스트레스를 느끼면서도 양육자에 대한 접근을 주저한다.

장 피아제 Jean Piaget · 1896~1980

스위스의 철학자이자 자연과학자이며 발달심리학자이다. 어린이의 학습에 대한 연구인 인지발달 이론과 자신의 인식론적 관점인 '발생적 인식론'으로 잘 알려져 있다. 또한 '비네-시몽 지능검사'를 만든 알프레드 비네가 운영하는 학교에서 아이들을 가르치며 지능검사의 몇 가지 실례들을 바탕으로 발달 단계에 대한 이론을 제안했다. 발달심리학뿐만 아니라 교육학에도 지대한 영향을 준 학자이다.

알프레드 비네 Alfred Binet · 1857~1911

프랑스의 심리학자이며 의사이다. 실험심리학과 이상심리학, 아동심리학에 큰 업적을 남겼다. 테오도르 시몽과 함께 '비네-시몽 지능검사'를 만들어 지능검사의 기초를 세웠으며, 조현병 연구에서도 큰 성과를 거두었다.

에릭 에릭슨 Erik Erikson · 1902~1994

발달심리학자이자 정신분석학자이다. 독일 태생이며 후에 미국으로 이주하였다. 사회성 발달을 중심으로 발달 단계를 논한 것으로 유명하며, '정체감 위기(Identity crisis)'라는 말을 만들어냈다. 그는 인간의 발달 단계를 8단계로 분류했으며, 각 단계는 단절된 것이 아니라 연속되고 중첩적이라고 주장했다.

존 볼비 John Bowlby · 1907~1990

영국의 심리학자이자 정신과 의사, 정신분석학자이다. 그는 지그문트 프로이트의 영향을 받은 임상가로 진화 이론, 대상 관계 이론, 체계 이론 등을 종합하여 애착 이론이라는 새로운 이론을 창시했다.

메리 에인스워스 Mary Ainsworth · 1913~1999

미국계 캐나다인 발달심리학자이다. 볼비와 함께 애착 이론을 발전시켰으며 아동과 주 양육자 사이의 정서적 애착에 대하여 연구했다.

퀴즈   *Quiz*

Q1 피아제에 따르면 아동은 세상에 대해 스스로 가설을 세우고 도식을 형성한다. 기존 도식에 맞추어 새로운 대상을 해석하는 것을 _____(이)라고 하며, 기존 도식이 잘 맞지 않아 수정하는 것을 _____(이)라고 한다.

02 피아제의 인지발달 단계에 대한 설명으로 틀린 것은?

① 감각운동기에는 신체의 감각과 움직임을 바탕으로 세상과 상호작용을 한다.

② 전조작기라는 이름은 아직 조작적 사고를 하지 못하기 때문에 붙은 이름이다.

③ 구체적 조작기에는 보존 개념을 획득한다.

④ 형식적 조작기에 도달해야 속성에 따른 사물 분류가 가능해진다.

03 존 볼비가 제시한 애착의 네 단계는 애착 전 단계, _____ 단계, 애착 단계, _____ 단계이다.

04 에인스워스의 낯선 상황 실험 및 애착 유형에 대한 설명으로 틀린 것은?

① 낯선 상황 실험에서 아이는 주 양육자와 두 번의 분리를 경험한다.

② 안정애착인 아이는 엄마와 있을 때 적극적으로 주변을 탐색한다.

③ 불안정-저항애착인 아이는 엄마와 분리되어도 불안해하지 않는다.

④ 주 양육자가 아이의 요구에 잘 반응하지 않으면 불안정-회피애착이 형성된다.

또 한 명의 대가 비고츠키

발달심리학을 배우며 꼭 기억해야 할 학자를 두 명 꼽는다면 프랑스의 장 피아제와 구소련의 레프 비고츠키(Lev Vygotsky)를 꼽아야 할 것입니다. 비고츠키는 1896년에 벨라루스에서 태어났고, 1934년 37세라는 젊은 나이에 세상을 떠났습니다. 그는 생전에는 널리 알려지지 않았으나 1958년이 되어 그의 저술이 서구와 미국에도 알려지며 큰 주목을 받게 되었습니다.

비고츠키 역시 피아제처럼 아동이 능동적으로 인지 능력을 발달시켜간다고 보았습니다. 하지만 그는 사회적 상호작용과 문화적 요인이 중요하게 작동한다고 보았다는 점에서 피아제와 차이가 있습니다. 비고츠키가 제안한 개념으로 근접발달영역(zone of proximal development)이란 것이 있습니다. 이 영역은 아동이 혼자서는 도달할 수 없지만 주위의 도움으로 도달할 수 있는 발달영역을 가리킵니다. 아이의 잠재력과 교육의 효과를 강조한 개념이라고 할 수 있습니다. 비고츠키에 따르면 아동은 부모나 교사의 지도 또는 좀 더 발달한 또래 친구와의 협동을 통해 문제를 해결해나가면서 근접발달영역에서의 능력을 발달시킬 수 있습니다.

언어에 대해서도 둘의 생각은 달랐습니다. 피아제는 언어의 발달을 인지발달에 종속된 것으로 보았으나 비고츠키는 언어가 인지발달에 특별한 역할을 한다고 보았습니다. 아이는 문제해결 과정에서 혼잣말을 하는 경우가 있는데, 피아제는 이를 인지 과정의 반영일 뿐이라고 여긴 반면, 비고츠키는 아동의 혼잣말이 자신과의 대화를 통해 전략을 수립하고 행동을 조정하는 능동적 역할을 한다고 보았습니다. 언어 사용이 인지 능력을 더 잘 발휘하도록 도울 수 있다는 것이죠.

비고츠키의 이론은 사회문화적 발달 이론이라고 합니다. 사회환경 그리고 주위 어른과 또래의 영향과 교육의 효과와 관련해 시사하는 바가 큰 이론이라 할 수 있습니다. 따라서 비고츠키와 그의 이론은 발달심리학뿐만 아니라 교육학에서도 매우 중요하게 다뤄지고 있습니다.

08

PSYCHOLOGY

성격심리학

너와 나의 마음은 다르다

성격심리학이란

이제 성격심리학에 대해 알아보겠습니다.

성격심리학? 제가 생각했던 심리학이 드디어 나오네요.

저도요, 저도요.

하하, 아무래도 심리학 하면 떠오르는 주제겠네요.

낯선 과목들 공부하며 여기까지 오느라 고생했어요.

앞에서 우리는 인간 심리 중 주로 공통된 부분을 다루었습니다.

맛있겠다.♡

꿀 꺽

하지만 심리학은 개개인의 마음의 차이를 연구하기도 합니다.

그런데 좀 매울 거 같아.

많이 먹고 싶다.

닭가슴살은 없나?

성격심리학은 바로 이런 마음의 차이를 연구하는 분야입니다.

성격심리학

심리학에서 성격이란 개인을 독특한 존재로 변별해주면서도 비교적 일관되게 유지되는 사고, 감정, 행동의 패턴을 말합니다.

그럼 난 외향적인 성격!

난 내향적인 성격

그리고 성격심리학은 이런 것들을 연구합니다.

• 사람들의 성격이 얼마나 어떻게 다른지

• 성격이 어떻게 형성되는지

• 성격으로부터 개인에 대해 무엇을 예측할 수 있는지

정신분석학적 관점

성격을 연구하다 보면 이런 질문을 던지게 됩니다.

굉장히 근본적인 질문 같네요.

어렵네요.

- 개인차는 왜 생기는가?
- 사람의 성격은 어떻게 형성되는가?

그렇습니다. 인간을 어떤 존재로 보느냐에 따라 서로 다른 답이 나올 수 있죠.

그래서 성격심리학에는 다양한 이론적 관점들이 존재합니다.

정신분석학적 관점

개인심리학적 관점

인본주의적 관점

특질이론적 관점

등등…

아무래도 첫 번째 관점으로 정신분석학을 얘기해야겠군요.

성격을 설명하는 포괄적 이론과 틀을 가장 먼저 제시한 사람은 바로 그 유명한…

오~ 드디어…

정신분석학의 창시자 지그문트 프로이트!

오스트리아의 신경과 의사였던 프로이트는 환자 사례를 분석하고 연구하면서 마음의 작동 방식에 대한 독특한 이론을 만들게 되었습니다.

히스테리 환자들을 치료하면서 드는 생각인데,

아무래도 이 병은 인간 내면의 심리적 문제들에 기인하는 것 같아.

그리고 자신의 새로운 이론을 바탕으로 자유연상기법, 꿈 분석 같은 새로운 치료법들을 도입했죠.

어제 어떤 꿈을 꾸셨나요?

선생님이 치료비를 안 받는 꿈을 꾸었어요.

어쩜 그리 인자하신지…

…

프로이트는 우리의 내면이 크게 **원초아, 자아, 초자아**로 이루어져 있다고 보았습니다.

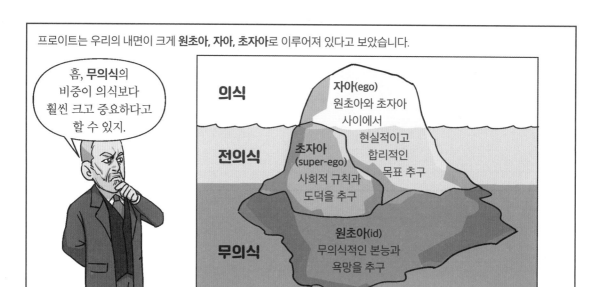

흠, **무의식**의 비중이 의식보다 훨씬 크고 중요하다고 할 수 있지.

의식

자아(ego)
원초아와 초자아 사이에서 현실적이고 합리적인 목표 추구

전의식

초자아(super-ego)
사회적 규칙과 도덕을 추구

무의식

원초아(id)
무의식적인 본능과 욕망을 추구

원초아의 욕망은 너무 노골적이기 때문에 초자아에 의해 억압되곤 합니다. 그래서 의식하지 못하는 것이죠.

이것도 내가 먹을 거야.

원초아

초자아

안 돼! 친구가 먹겠다고 남겨둔 거잖아.

프로이트는 마음속에서 일어나는 일들 중 의식하는 부분은 극히 일부분에 불과하며, 대부분은 무의식의 세계에 있다고 보았습니다.

의식

무의식

또한 어린 시절에 겪었던 심리적 갈등이 성격 형성에 중대한 영향을 끼친다고 보았죠.

?

그래서 어린 시절 특정한 단계에서 해결되지 않은 갈등이 있으면 성인이 되어 부적응 행동으로 나타날 수 있다고 주장했습니다.

이를 **고착**(fixation)이라고 합니다.

프로이트는 이런 자신의 생각을 바탕으로
심리성적 발달 단계라는 것을 제안했습니다.

성욕을 중시한 나는
쾌감 추구의 원천에
따라 이런 발달 단계를
제시했지.

심리성적 발달 단계

단계	쾌감의 원천	인성 발달	고착 시 문제
구강기(0~1세)	빨기, 먹기	신뢰, 평안	과식, 과음, 흡연, 타인에 대한 의존성 또는 공격성
항문기(1~3세)	배변 통제	자신감, 통제감	지나치게 꼼꼼하고 완고함 또는 반대로 어수선함
남근기(3~6세)	생식기 자극	성 역할	자만성, 무모함
잠복기(6세~사춘기 전)	성적 관심이 억압됨	또래관계	성숙하지 못한 인간관계
성기기(사춘기 이후)	성숙한 성적 관계	성적 친밀감	—

예를 들어, 구강기 때 아이는 주로 입을 통해 쾌감을
얻습니다. 빨고 씹고 깨무는 등 입을 통한 자극을 추구하죠.
이러한 행동을 통해 에너지를 방출하고, 긴장을 해소할
수 있습니다.

기분 좋아~

쪽
쪽

하지만 이 시기에 건강하게 긴장을 해소하지 못하고 젖을
너무 일찍 뗀다든가 하여 빨기 욕구가 충족되지 않으면
심리성적 욕망이 구강기에 고착되게 됩니다.

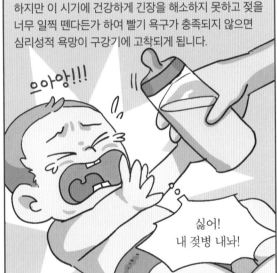

으아앙!!!

싫어!
내 젖병 내놔!

구강기에 고착된
성인은 종종 타인을
신랄하게 비판하는 등
공격적인 성향을
보일 수 있습니다.

심리성적 발달 단계
이론에 따르면 생애 초기의
욕망과 갈등에 의해 성인의
성격이 결정되는 것이죠.

먹을 것에 집착하는
걸 보니 구강기에
고착됐구나.

응?
못 들었어.

프로이트 학파의 분화

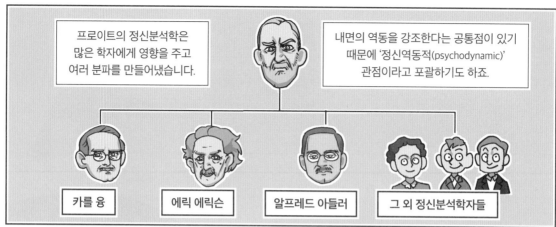

프로이트의 정신분석학은 많은 학자에게 영향을 주고 여러 분파를 만들어냈습니다.

내면의 역동을 강조한다는 공통점이 있기 때문에 '정신역동적(psychodynamic)' 관점이라고 포괄하기도 하죠.

카를 융 | 에릭 에릭슨 | 알프레드 아들러 | 그 외 정신분석학자들

성적 에너지인 **리비도**(libido)가 모든 정신역동의 근원이야.

프로이트의 이 같은 주장은 당대에 많은 비판을 받았습니다. 제자들도 생각이 달랐죠.

모든 심리적인 문제가 성욕 때문이라니 말도 안 돼!

터무니없는 주장이야!

카를 융은 집단무의식, 원형, 아니마/아니무스 등 독창적인 개념들을 바탕으로 분석심리학을 창시했습니다.

개인의 성적 콤플렉스만으로 인간의 정신이 설명될 리가 없습니다.

카를 융

정신분석학자이면서 발달심리학자였던 에릭슨은 정체성 개념을 바탕으로 자아심리학을 발전시켰죠.

인간은 성적 욕망만을 추구하는 것이 아니며

전 생애에 걸쳐 각 단계에 맞는 자아상을 추구합니다!

에릭 에릭슨

개인심리학적 관점

알프레드 아들러 역시 **개인심리학**이라고 하는 자신만의 이론을 발전시켰습니다.

성적 긴장보다는 사회적 긴장이 성격 형성에 더 핵심적인 요인이므로 열등감에 주목해야 합니다.

열등감은 갈등의 원인이지만 자기 계발을 가능케 하는 힘이기도 하죠.

알프레드 아들러

아들러는 프로이트 이론이 문제의 원인에만 주목한다는 점도 비판했죠. 원인을 알면 문제를 설명할 수 있지만 그렇다고 해결까지 저절로 되는 건 아니니까요.

잡았다!

범인은 잡았지만 내가 받은 충격은 그대로야!

그러므로 환자에게서 문제의 원인만 찾을 것이 아니라

으… 이 숲 너무 무서워. 어떡해.

환자 스스로 자신의 문제를 다른 관점에서 보고 새로운 방향을 모색할 수 있도록 해야 한다고 보았습니다.

아니? 무척 예쁜 꽃이 있네?

그렇게 무서운 숲은 아닐지도…

아들러는 왜 이런 생각을 하게 되었을까요?

저 역시 그런 과정을 겪었기 때문입니다. 잘생긴 형제들 사이에서 볼품없는 외모에 성적도 부진해서 열등감이 매우 심했죠.

하지만 저는 열등감을 극복하고자 노력했습니다. 사람은 자신의 열등성을 극복하기 위해 노력하며, 얼마든지 변할 수 있는 존재라고 생각합니다.

땅딸보 알프레드가 수학 1등을 했대!

아들러는 인간이 의지의 생물이라고 보았죠. 아들러에 따르면 우리는 상황과 경험에서 의미를 찾고자 합니다.

따라서 스스로 어떤 의미를 부여하느냐에 따라 문제 상황은 달라질 수 있으며, 프로이트의 주장처럼 정신이 과거에 종속되는 것은 아니라고 보았습니다.

인본주의적 관점

나는 인간의 부정적 특성에만 주목하는 정신분석학이나

인간을 환경에 종속된 기계처럼 여기는 행동주의 모두에 반대한다!

HUMANISM

인본주의적 관점은 이렇게 등장했어요.

멋져요, 교수님. ㅎㅎ

짝짝짝

상담에서 인간 중심 접근을 제시한 로저스, 그리고 욕구 위계를 바탕으로 자아실현을 강조한 매슬로가 인본주의적 관점을 대표하는 학자들입니다.

칼 로저스

에이브러햄 매슬로

칼 로저스는 내담자를 수동적인 존재로 보던 기존의 접근에서 벗어나, 내담자를 중심에 놓는 인간 중심 상담을 창시했습니다. 내담자에게 자신의 문제를 해결할 충분한 능력이 있으니 상담자는 그걸 끌어내는 역할을 해야 한다는 것이죠.

치료자는 내담자의 부정적 특성보다는 긍정적 특성에 주목해야 합니다.

그리고 내담자의 말과 행동을 먼저 판단하기보다는 우선 들어주며 무조건적으로 존중해주어야 합니다.

판단

경 청

존중

판단하기 이전에 경청해야 한다는 칼 로저스의 주장은

오늘날 상담의 가장 기본적인 원칙이 되었죠.

그동안 누구한테도 털어놓지 못했는데⋯. 선생님처럼 들어주는 사람이 필요했어요.

저는 판단하거나 비판하지 않습니다. 무엇이든 얘기해보세요.

매슬로의 욕구 단계 피라미드

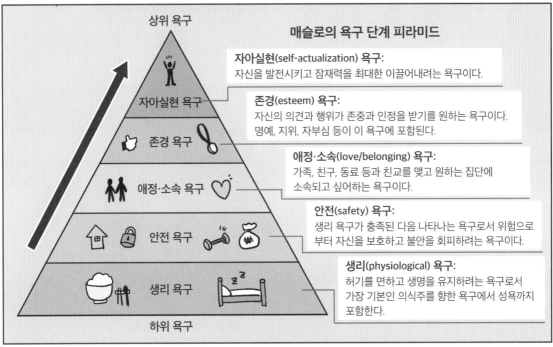

자아실현(self-actualization) 욕구:
자신을 발전시키고 잠재력을 최대한 이끌어내려는 욕구이다.

존경(esteem) 욕구:
자신의 의견과 행위가 존중과 인정을 받기를 원하는 욕구이다.
명예, 지위, 자부심 등이 이 욕구에 포함된다.

애정·소속(love/belonging) 욕구:
가족, 친구, 동료 등과 친교를 맺고 원하는 집단에
소속되고 싶어하는 욕구이다.

안전(safety) 욕구:
생리 욕구가 충족된 다음 나타나는 욕구로서 위험으로
부터 자신을 보호하고 불안을 회피하려는 욕구이다.

생리(physiological) 욕구:
허기를 면하고 생명을 유지하려는 욕구로서
가장 기본인 의식주를 향한 욕구에서 성욕까지
포함한다.

특질이론적 관점

정신역동적 관점이나 인본주의적 관점에서 가정하는 성격 모형은 일종의 가정이라고 할 수 있습니다.

가정

이런 관점을 창시한 학자들은 주로 치료 과정에서 환자들을 만나면서 자신의 이론을 발전시켜나갔습니다. 그런데 사례에 대한 주관적 해석과 직관에 기반하다 보니 객관적인 증거는 부족한 경우가 종종 있었습니다.

저 마지막 잎사귀가 떨어지면 저도….

음…, 이 환자에게는 죽음의 충동이 나타나는군.

특히 정신분석학의 가설들은 후대에 반증이 나오거나, 처음부터 증명할 수 없는 주장도 많았죠.

꿈은 성적 욕망의 반영이다. 그렇게 보이지 않는다면 욕망이 숨어 있기 때문이다.

반증할 수가 없군.

이에 반해 객관적 증거를 바탕으로 이론을 세우는 것을 중시하는 관점이 있는데, 바로 특질이론적 관점입니다.

인간의 성격을 서로 다른 특질들의 조합으로 보며, 각 특질이 어느 정도인가로 성격을 분류하고 설명할 수 있다고 보는 관점입니다.

도와드릴게요!

특질이론적 관점은 사람의 성격 특질을 통계적으로 정확히 추출, 측정, 분류하려는 과정에서 형성된 조류입니다.

저 사람은 출근율이 100%이니 근면할 가능성이 높겠어.

이 프로젝트를 맡아 열심히 하겠습니다!

따라서 인간의 성격이 어떠할 것이라고 미리 가정하기보다는 수집한 데이터를 바탕으로 어떤 특질이 있는지 알아내는 귀납적 접근법이라고 할 수 있습니다.

올포트, 카텔, 아이젠크 등이 대표적이며, 20세기 말에 들어와서는 '빅 5'라는 성격 특질이 여러 연구를 통해 확인되어 많은 관심을 받고 있습니다.

레이먼드 카텔

고든 올포트

한스 아이젠크

올포트와 오드버트는 성격이 어떻게 묘사되는가를 알아보기 위해 영어 사전에서 행동 특성을 지칭하는 단어들을 모두 찾아보았습니다.

고든 올포트

헨리 오드버트

무려 18,000개나 되는 단어들이 있었고, 그중에서 모호한 단어와 동의어를 제외하고도 4,500개가 남았습니다.

하얗게 불태웠어….

으~ 멀미 나!

카텔은 올포트가 한 어휘 연구를 바탕으로 단어를 171개로 추렸고, 여기서 12개의 성격 특질을 가려냈습니다.

앞서 고생하신 분들 덕분에 수월하군.

또한 어휘 분석으로는 잘 나타나지 않는 성격 특질 4개를 추가해 총 16개의 특질로 정리했습니다. 이를 바탕으로 만들어진 것이 16PF라고 불리는 성격검사입니다.

레이먼드 카텔

긴장감 · 개인주의 · 걱정 · 변화개방성 · 독립심 · 따뜻함 · 추리력 · 정서안정성 · 지배성 · 쾌활성 · 규칙준수성 · 대담성 · 민감성 · 불신감 · 추상성 · 완벽주의

16PF
(Personality Factor Questionnaire)

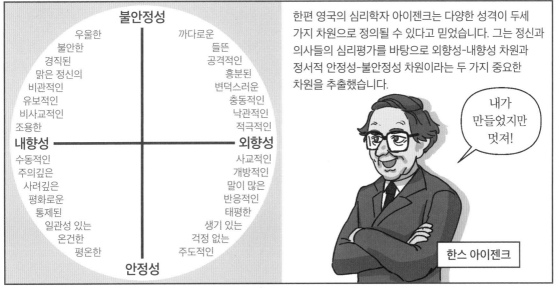

불안정성

우울한
불안한
경직된
맑은 정신의
비관적인
유보적인
비사교적인
조용한

까다로운
들뜬
공격적인
흥분된
변덕스러운
충동적인
낙관적인
적극적인

내향성 ─────────────── 외향성

수동적인
주의깊은
사려깊은
평화로운
통제된
일관성 있는
온건한
평온한

사교적인
개방적인
말이 많은
반응적인
태평한
생기 있는
걱정 없는
주도적인

안정성

한편 영국의 심리학자 아이젠크는 다양한 성격이 두세 가지 차원으로 정의될 수 있다고 믿었습니다. 그는 정신과 의사들의 심리평가를 바탕으로 외향성-내향성 차원과 정서적 안정성-불안정성 차원이라는 두 가지 중요한 차원을 추출했습니다.

내가 만들었지만 멋져!

한스 아이젠크

5요인 이론은 객관적, 과학적 증거를 통해 뒷받침되고 있으며,

검사도구도 잘 개발돼 있어 오늘날 성격심리학 분야에서 가장 활발하게 활용되고 있습니다.

우리도 검사하러 가보자.

한편 성격심리학은 심리학의 여러 분야와 깊은 관계를 맺고 있는데요.

먼저 사회심리학이 있습니다.

뒤에서 다루겠지만 사회심리학은 사람이 집단 속에서 어떻게 행동하고 상호작용하는가를 연구하는 분야입니다.

사람의 행동은 주어진 환경에 따라 다르지만, 성격에 따라서도 다르죠. 그래서 종종 사회심리학자는 성격심리학자가 되기도 합니다.

난 사회심리학자이지만… 하압!

성격심리학자로 변신~!

그리고 심리치료를 하는 임상심리학과 상담심리학에서도 성격심리학은 매우 중요하게 다뤄집니다. 환자의 독특한 심리적 경향성, 즉 성격을 알아야만 올바른 진단과 적절한 치료를 할 수 있기 때문이죠.

제 성격을 어쩜 그리 잘 파악하시나요?

아무나 간파하지 못한 내 성격을!

성격심리학을 공부했거든요.

그래서 꼭 성격심리학을 전공하지 않는다 해도 많은 심리학도들이 성격심리학을 열심히 공부한답니다.

상담가의 꿈

심리치료사가 되기 위해선 성격심리학을 잘 알아야 해.

또 성격심리학은 심리검사와도 깊은 관련이 있죠.

네~!

심리검사

다음 강의에서 심리검사에 대해서 알아볼까요?

| **요약 노트** | *Summary* |

성격심리학
→ 사람의 성격이 어떻게 형성되는지, 사람마다 어떻게 다른지, 성격을 통해 개인의 심리 및 행동과 관련해 무엇을 예측할 수 있는지를 연구하는 분야이다.

→ 성격이란 개인을 독특한 존재로 변별해주면서 비교적 일관되게 유지되는 사고, 감정, 행동의 패턴을 말한다.

정신분석학적 관점
→ 정신분석학의 창시자인 프로이트는 사람의 내면이 원초아(id), 자아(ego), 초자아(super-ego)로 구성돼 있다고 보았다. 또한 인간의 심리적 에너지는 성적 에너지(libido)이며, 무의식의 비중이 의식보다 크다고 주장했다.

→ 프로이트는 어린 시절에 겪었던 심리적 갈등이 성격 형성에 중요한 영향을 미친다고 보았으며 심리성적 발달 단계를 제안했다. 해당 시기에 심리적 갈등이 해소되지 않으면 고착이 일어나며 성인기의 부적응 행동으로 나타날 수 있다.

→ 프로이트의 후학들은 프로이트와는 차별되는 자신만의 관점과 이론을 펴나갔다. 카를 융은 집단무의식, 원형, 아니마, 아니무스 등의 개념을 바탕으로 분석심리학을 창시했고, 에릭 에릭슨은 정체성 개념을 바탕으로 자아심리학을 발전시켰다.

개인심리학적 관점
→ 아들러는 성격의 형성 요인으로 성적 긴장보다는 사회적 긴장을 더 핵심적인 요인으로 보았으며, 열등감에 주목했다.

→ 아들러는 인간은 의지의 생물이며, 의지를 갖고 열등감을 극복하는 노력을 통해 문제 상황이 달라질 수 있다고 생각했다. 따라서 심리적 문제의 원인을 찾는 것에만 집착하기보다는 환자 스스로 해결책을 모색할 수 있도록 해야 한다고 주장했다.

인본주의적 관점
→ 인간의 부정적 특성에 주목하는 정신분석학, 인간을 환경에 종속된 기계처럼 여기는 행동주의 모두에 반대하며 등장한 관점이다.

→ 인간은 성장하고 변화하며 더 긍정적인 방향으로 발전한다는 관점을 갖고 있으며, 칼 로저스와 에이브러햄 매슬로가 대표적인 학자이다.

→ 로저스는 사람에겐 자신의 문제를 해결할 능력이 내재돼 있다는 생각을 바탕으로 상담자는 해결책을 제시하기보다는 내담자의 능력을 끌어내는 역할을 해야 한다는 인간 중심 상담을 창시했다. 내담자에 대한 경청과 무조건적 존중을 원칙으로 한다.

→ 매슬로는 인간은 하위 욕구가 만족되면 상위의 욕구를 추구하게 된다는 욕구 단계 이론을 제안했다. 아래 단계부터 차례로 생리 욕구, 안전 욕구, 애정·소속 욕구, 존경 욕구, 자아실현 욕구이다.

특질이론적 관점	→ 성격의 특질을 통계적, 경험적으로 발견하려는 귀납적 접근법을 취하는 관점이다. 성격을 구성하는 각 특질들의 조합으로 성격을 분류하고 설명하려 한다.
	→ 레이먼드 카텔은 고든 올포트의 어휘 연구를 바탕으로 단어를 추리고, 12개의 성격 특질을 뽑아냈으며, 여기에 4개의 특질을 추가해 16개의 성격 특질로 정리했다. 이를 바탕으로 16PF 성격 검사가 만들어졌다.
	→ 한스 아이젠크는 정신과 의사들의 심리 평가를 바탕으로 외향성과 내향성, 안정성과 불안정성이라는 성격의 두 가지 차원을 추출하고, 이를 바탕으로 성격 유형을 분류했다.
	→ 폴 코스타와 로버트 맥크레이는 더욱 많은 데이터와 통계 분석을 거쳐 5요인 이론을 탄생시켰다. 5요인은 외향성, 우호성, 신경성, 경험에 대한 개방성, 성실성이며, 빅5 성격검사는 개인의 성격을 각 특질의 정도로 나타낸다.

주요 학자 *Scholars*

지그문트 프로이트 Sigmund Freud · 1856~1939

오스트리아의 신경과 의사이자 정신분석학의 창시자이다. 초기에는 뇌성마비 등 신경병을 연구하다 히스테리 증상에 관심을 가지면서 독창적 이론을 창조하게 되었다. 그는 인간의 내면을 원초아, 자아, 초자아의 3원적 기능으로 구체화시켰다. 또한 성욕을 인간의 주요한 동기로 정의했으며, 발달 단계에 따라 쾌감을 추구하는 신체와 방식이 달라지는 심리성적 발달 단계를 정의했다.

카를 융 Carl Jung · 1875~1961

스위스의 정신과 의사이며 분석심리학의 개척자이다. 무의식적인 내용을 의식화하는 과정을 중시했고, 무의식을 '개인 무의식'과 '집단 무의식'으로 나누어 정의했다. 또한 무의식에 있는 관념과 감정의 복합체를 '콤플렉스'라고 명명했으며, 이 개념은 분석심리학의 기초가 되었다.

알프레드 아들러 Alfred Adler · 1870~1937

오스트리아의 의사이자 심리치료사이며 개인심리학의 창시자이다. 인간 행동의 원인보다 행동의 목적을 강조했으며, 열등감을 극복하여 자기완성을 이뤄야 한다고 주장했다. 특히 인간은 스스로 긍정적 자질을 개발할 수 있으며, 뚜렷한 목적의식과 노력으로 자신을 변화시킬 수 있다고 강조했다.

칼 로저스 Carl Rogers · 1902~1987

미국의 심리학자이며 인본주의적 관점을 대표하는 학자이다. 내담자 중심의 인간 중심 상담을 창시했다. 그는 치료자가 가져야 할 능력으로 태도의 일치성, 공감적 이해, 무조건적 긍정적 존중을 제시했다. 또한 인간은 타고난 성장 잠재력을 가지고 있기 때문에 적응 유연성이 있고, 역경을 겪더라도 회복할 수 있다고 주장했다.

에이브러햄 매슬로 Abraham Maslow · 1908~1970

미국의 심리학자이며 인본주의적 관점을 대표하는 학자 중 한 명이다. 인간에게는 기본적인 생리적 욕구부터 자기실현 욕구에 이르기까지, 추구하는 욕구에 위계가 있다는 '욕구 단계 이론'을 제안했다.

고든 올포트 Gordon Allport · 1897~1967

미국의 사회심리학자이자 성격심리학자이다. 성격 연구에 초점을 맞춘 최초의 심리학자 중 한 명으로 성격심리학의 창시자 중 한 명으로 불린다. 1936년 헨리 오드버트와 함께 행동 특성을 지칭하는 단어들을 연구했다.

레이먼드 카텔 Raymond Bernard Cattell · 1905~1998

영국에서 태어나 미국에서 주로 활동한 심리학자이다. 16개의 성격 특질로 이루어진 16PF 성격검사를 만들었다. 60여 권의 학술서적과 500여 편 이상의 학술논문을 저술했으며, 30여 개 이상의 심리검사, 질문지, 측정척도를 개발하는 등 심리측정 분야에서 많은 업적을 남겼다.

한스 아이젠크 Hans Eysenck · 1916~1997

나치를 피해 영국으로 이주한 독일계 영국인 심리학자이다. 지능과 성격, 행동치료 등을 연구했다. 외향성-내향성 차원과 안정성-불안정성 차원을 중심으로 성격을 분류했고, 이후의 성격 특질 연구에 큰 영향을 주었다.

Q1 프로이트의 성격 이론에 대한 설명으로 옳지 않은 것은 무엇인가?

① 인간의 내면을 원초아, 자아, 초자아로 구분했다.

② 심리성적 발달 단계를 제안했다.

③ 어린 시절 해결되지 않은 갈등이 성인기의 부적응 행동으로 나타날 수 있다고 보았다.

④ 성적 에너지를 강조하여 학자들로부터 폭넓은 지지를 받았다.

Q2 학자와 개념의 연결쌍 중 어색한 것은 무엇인가?

① 지그문트 프로이트 — 집단무의식

② 카를 융 — 아니마/아니무스

③ 에릭 에릭슨 — 자아

④ 알프레드 아들러 — 열등감

Q3 칼 로저스는 내담자를 중심에 놓는 _____ 상담을 창시했으며, 경청과 무조건적 존중이라는 상담 원칙을 제시했다.

Q4 특질이론적 관점에 대한 다음 설명 중 틀린 것은 무엇인가?

① 올포트는 행동 특성을 지칭하는 단어를 찾는 어휘 연구를 했다.

② 카텔은 어휘 연구를 바탕으로 12PF라는 성격검사를 만들었다.

③ 아이젠크는 외향성-내향성, 정서적 안정성-불안정성이라는 2가지 성격 차원을 제시했다.

④ 빅5 성격 특질 중 신경성은 정서적으로 불안정한 특성을 대변한다.

프로이트 이후 정신분석학의 변화

'정신분석'이라고 하면 프로이트만을 떠오르시나요? 정신분석학은 오직 프로이트의 이론만으로 이뤄져 있을까요? 그렇지 않습니다. 정신분석학이란 학문 그리고 정신역동적 접근이라 일컬어지는 심리치료 기법은 프로이트 이후에도 여러 변화를 거쳤습니다.

프로이트의 후예라 할 수 있는 신프로이트학파 정신분석학자들은 원초아, 자아, 초자아로 구성된 성격구조, 무의식 및 아동기의 중요성 같은 프로이트의 기본 가정을 받아들였습니다. 하지만 다른 핵심적 측면에서는 새로운 접근을 시도했습니다. 첫째로, 무의식뿐만 아니라 의식 역시 경험을 해석하는 데 중요한 역할을 한다고 보았습니다. 둘째로, 성욕이 모든 정신적 에너지의 원천이라는 관점에 이의를 제기했습니다. 이들 중 몇몇 중요한 학자들의 관점을 간단히 알아보겠습니다.

독일에서 태어나 후에 미국에서 활동한 정신분석학자 카렌 호나이(Karen Horney)는 프로이트의 남근 선망 이론을 비롯한 성차별적 관점을 비판했습니다. 호나이는 억압된 성욕보다는 어린 시절 부모와의 관계가 성격 형성에 더 중요한 역할을 한다고 보았습니다. 또한 신경증을 극복하기 위한 방법으로 자기인식과 자아실현을 강조했습니다.

멜라니 클라인(Melanie Klein)은 대상 관계 이론을 탄생시킨 정신분석학자입니다. 여기서 대상이란 타자, 즉 다른 사람을 가리키며 클라인은 대상 관계에 초점을 맞춘 새로운 치료법을 제안했습니다. 프로이트는 내면의 무의식적 욕망과 그 욕망의 역동이 만들어내는 억압 등에 주목했지만 클라인은 대상 관계가 문제의 핵심이라고 보았으며, 특히 어린 시절 모친과의 관계가 마음속에 어떻게 뿌리내리고 있는지에 주목했습니다.

이 밖에도 방어기제를 더 정교하게 분류한 프로이트의 딸 안나 프로이트(Anna Freud), 사회적 관계를 중시한 해리 설리번(Harry Sullivan) 등 다양한 후학들에 의해 정신분석학은 변화를 겪었습니다. 따라서 오늘날 심리치료 현장에서 쓰이는 정신분석학적 접근은 프로이트 때와는 꽤 다르며, 분석가에 따라 다양한 치료법이 존재합니다. 정신분석학 역시 여느 이론과 마찬가지로 변화하고 다양해지는 과정을 겪은 것입니다.

09

PSYCHOLOGY

심리검사

마음을 측정하는 법

신뢰도와 타당도

♥ 동물로 알아보는 성격 심리검사 ♥

난 고양이가 나왔어!

어디 보자. 네 성격이 차분하고 온화하다고? 말도 안 돼!

내가 보기엔 정확하거든?

아이고, 여러분. 이런 걸 심리검사라고 부르면 제 가슴이 아픕니다.

앗, 교수님. 그냥 재미로 본 거예요.

그럼요, 다 엉터리라는 건 알고 있어요!

인터넷에 떠도는 심리검사들은 대부분 심리학자들이 개발한 것이 아니랍니다. 혈액형 성격설처럼 아무 과학적 근거도 없는 것들이 대부분이죠.

너 굉장히 소심한 걸 보니 A형이구나!

혈액형 성격설은 한국과 일본에서만 유행하는 낭설이야!

A형은 맞지만.

전문가들이 사용하는 심리검사는 오랜 연구와 많은 데이터를 바탕으로 심혈을 기울여 만든 것입니다.

그래서 **신뢰도**(reliability)와 **타당도**(validity)가 높죠.

신뢰도?

타당도?

신뢰도와 타당도는 어떤 검사나 평가가 쓸 만한지를 판단하는 매우 중요한 기준이랍니다.

국어 시험 80점

와~, 우리 철민이 국어 실력 좋네.

엄마, 그제 본 시험에선 40점이었는데 과연 내가 국어 실력이 좋다고 말할 수 있을까?

...

이렇게 단기간에 점수가 들쭉날쭉하다면 시험 자체에 문제가 있는 거겠죠? 이런 검사는 신뢰도가 낮다고 할 수 있습니다.

신뢰도란 일관된 결과가 나오는 정도를 뜻합니다.

신뢰도를 측정하는 방법 중에 가장 간단한 방법은 동일한 사람이 두 번 검사를 해보고 결과를 비교하는 **검사-재검사법**입니다.

이번엔 강아지가 나왔네.

전에는 고양이라더니?

이 심리검사는 신뢰도가 낮네.

재검사가 적절하지 않을 때는 전체 문항을 반으로 나누어 비슷한 결과가 나오는지 비교해보는 **반분신뢰도법**을 쓰기도 하지요.

반으로 나눠 검사해도 비슷한 점수가 나오는 걸 보니 이 검사는 반분신뢰도가 높네요.

43점

41점

타당도는 검사가 측정하고자 하는 바를 측정하고 있는지를 가리킵니다. 예를 들어, 국어시험인데 문제가 이렇다고 합시다. 과연 국어 능력을 측정하고 있는 걸까요?

국 어 문 제

1. 영수는 오랜만에 초등학교 동창들을 만났다. 모두 다섯 명이 모이게 됐는데, 민희가 귤을 20개 가져와서 똑같이 나누어 먹었다. 영수는 몇 개를 먹었을까?

① 1개   ② 3개   ③ 4개   ④ 5개   ⑤ 6개

이런 시험은 신뢰도가 높다 해도 타당도는 낮습니다. 측정하고자 하는 대상인 국어 실력을 측정하지 않고 있으니까요.

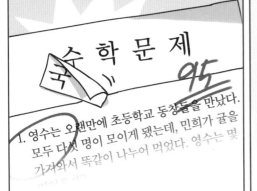

수 학 문 제   95

1. 영수는 오랜만에 초등학교 동창들을 만났다. 모두 다섯 명이 모이게 됐는데, 민희가 귤을 가져와서 똑같이 나누어 먹었다. 영수는 몇

타당도에는 여러 종류가 있습니다. 검사 내용이 제대로 구성돼 있는가를 따져보는 것을 **내용 타당도**, 이미 통용되고 있는 다른 기준과 비교했을 때 유사한 결과가 나오는지 보는 것을 **준거 타당도**라고 합니다.

새로 개발한 우울증 검사 결과를 기존 검사들의 결과와 비교해봐야겠군.

과학적인 심리검사는 이런 검증 과정을 통과해야 한답니다.

심리검사의 탄생과 지능검사

신뢰도와 타당도가 높은, 과학적으로 검증된 심리검사는 병원, 학교, 상담센터, 직장 등에서 공식적으로 쓰이고 있습니다. 치매검사, 지능검사, 적성검사 등이 있죠.

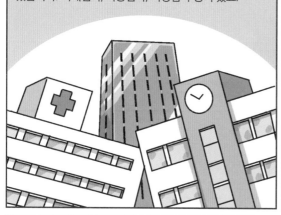

심리검사는 언제 생긴 걸까요? 본격적인 심리검사의 역사는 지능검사에서 출발합니다. 최초의 지능검사는 20세기 초 프랑스의 심리학자 알프레드 비네가 개발했습니다.

장 피아제

알프레드 비네

내가 비네 밑에서 연구했었지. 7강에 나왔어요.

알프레드 비네, 학생들의 잠재력을 측정하고 특별한 도움이 필요한 아이들을 가려낼 방법을 알려주시겠소?

O.K.

내 이렇게 비네.

정부

1904년 비네는 동료 테오도르 시몽과 함께 오늘날 IQ검사의 시초가 되는 검사를 개발했습니다.

비네-시몽 지능검사
Binet-Simon Intelligence Scale

기억력, 어휘력, 산수 능력 등을 측정했지.

그리고 스탠퍼드 대학교의 심리학자 루이스 터만이 이를 바탕으로 스탠퍼드-비네 검사를 만듭니다.

비네의 검사는 저연령대의 프랑스 아동만을 상정하고 만들어졌다는 한계가 있어.

내가 개량하고 대상 연령을 더욱 확대해야겠어!

연구! 연구!

이때부터 이른바 'IQ'란 말이 쓰이기 시작했고, 다음과 같이 계산되었습니다.

$$IQ = \frac{정신연령}{생활연령} \times 100$$

정신연령과 생활연령이 같다면 IQ는 100이 나오는 것이죠.

정규분포와 지능지수

예를 들어, 8세 민지가 10세가 풀 수 있는 문제를 푼다면 이렇게 계산할 수 있지요.

$$IQ = \frac{\text{정신연령 10세}}{\text{생활연령 8세}} \times 100 = 125$$

생활연령 8세보다 정신연령이 2년 앞서 있는 거야.

그런데 이런 계산 방식은 성인에까지 널리 쓰기는 어렵습니다. 일정 연령에 이르면 나이를 먹는다고 정신능력이 성장하는 건 아니니까요.

내 정신연령?

그래서 집단 내에서의 상대적 위치로 나타나는 방식을 쓰게 되는데요.

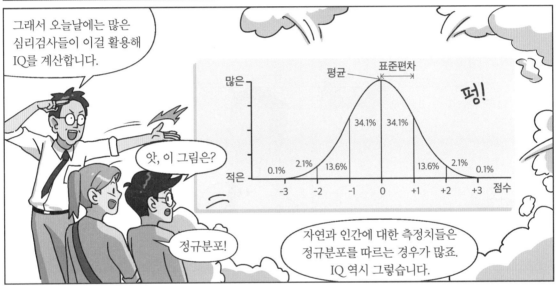

그래서 오늘날에는 많은 심리검사들이 이걸 활용해 IQ를 계산합니다.

앗, 이 그림은?

정규분포!

자연과 인간에 대한 측정치들은 정규분포를 따르는 경우가 많죠. IQ 역시 그렇습니다.

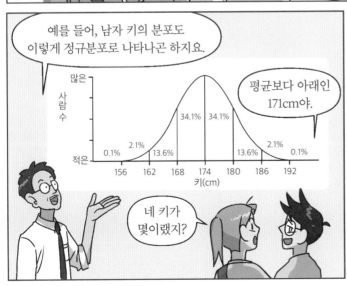

예를 들어, 남자 키의 분포도 이렇게 정규분포로 나타나곤 하지요.

평균보다 아래인 171cm야.

네 키가 몇이랬지?

그 키를 cm가 아니라 이 분포에서의 상대적 위치로 나타내 볼까요?

$$171 = 174(\text{평균}) - \frac{1}{2} \times 6(\text{표준편차})$$

교수님, 잔인합니다. '평균 $-\frac{1}{2}$ 표준편차'네요.

그럼 IQ도 정규분포에서의 상대적 위치를 가리키는 수치인 건가요?

네, 맞습니다.

짝

가장 널리 쓰이는 지능검사인 웩슬러 지능검사에서는 평균이 100, 표준편차가 15인 정규분포상 위치로 IQ를 나타냅니다.

내가 만들었지. 전 세계에서 가장 많이 쓰이는 지능검사야.

데이비드 웩슬러

예를 들어, 만약 민지가 평균보다 표준편차 2배만큼 상위에 있다면

100 + 2 × 15 = IQ 130

이 되지요.

표준편차 1배만큼 하위에 있다면

100 - 1 × 15 = IQ 85

가 되고요.

이 분포에 따르면 약 68%의 IQ는 85~115 구간에 있답니다.

34.1%　34.1%

2.1%　13.6%　13.6%　2.1%　0.1%

55　70　85　100　115　130　145

IQ 점수

그리고 약 96%는 70~130 구간에 있고요.

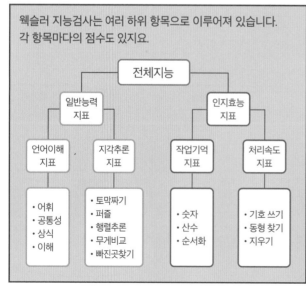

웩슬러 지능검사는 여러 하위 항목으로 이루어져 있습니다. 각 항목마다의 점수도 있지요.

전체지능

일반능력 지표　　인지효능 지표

언어이해 지표　지각추론 지표　작업기억 지표　처리속도 지표

• 어휘
• 공통성
• 상식
• 이해

• 토막짜기
• 퍼즐
• 행렬추론
• 무게비교
• 빠진곳찾기

• 숫자
• 산수
• 순서화

• 기호 쓰기
• 동형 찾기
• 지우기

그래서 일반지능지수(IQ)뿐만 아니라 하위 인지기능별 점수도 나옵니다.

검사 결과표

지표	점수	95% 신뢰구간
언어이해	112	105~118
지각추론	115	106~122
작업기억	93	86~101
처리속도	86	79~97
전체 IQ	103	98~108
소검사	환산점수	백분위
공통성	13	84
…	…	…

대부분 하위 항목도 일반지능지수에서 크게 벗어나지 않는 수준의 결과가 나옵니다. 하지만 만약 특정 항목이 유독 낮다면 학습장애나 뇌 손상의 가능성이 있으므로 전문가의 진단과 도움이 꼭 필요합니다.

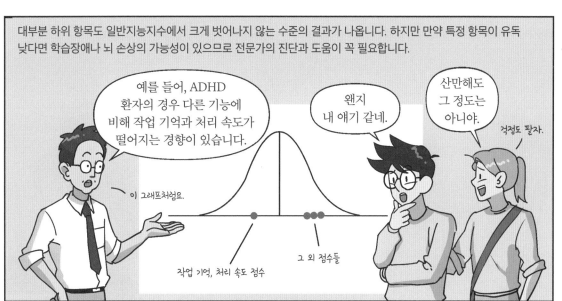

이 5가지 요인을 측정하는 성격검사가 있습니다. 대개 다음과 같은 문항에 대답하는 방식이죠.

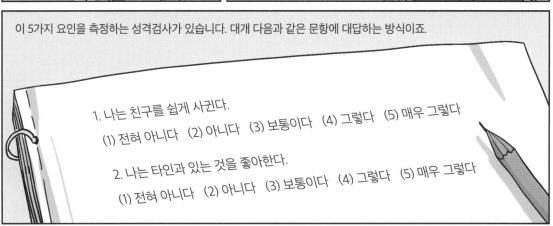

1. 나는 친구를 쉽게 사귄다.

(1) 전혀 아니다 (2) 아니다 (3) 보통이다 (4) 그렇다 (5) 매우 그렇다

2. 나는 타인과 있는 것을 좋아한다.

(1) 전혀 아니다 (2) 아니다 (3) 보통이다 (4) 그렇다 (5) 매우 그렇다

성격검사

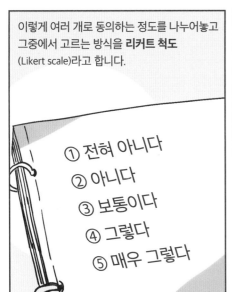

이렇게 여러 개로 동의하는 정도를 나누어놓고 그중에서 고르는 방식을 **리커트 척도**(Likert scale)라고 합니다.

성격검사에는 '외향성'에 관해 묻는 문항들이 여러 개 있겠죠? 각각 점수를 매기고 총점을 계산합니다. 그리고 최종 결과는 전체 집단 내에서의 상대적 위치로 나옵니다.

문항	전혀 아니다 (1)	아니다 (2)	보통이다 (3)	그렇다 (4)	매우 그렇다 (5)
친구를 쉽게 사귄다					∨
기분이 우울할 때가 자주 있다			∨		
처음 본 사람에게도 말을 잘 건다				∨	
뭔가에 집중하는 것이 좋다	∨				
자신이 무기력하다고 자주 느낀다		∨			
혼자 있는 것보단 여러 명이 낫다			∨		

임상용 심리검사 – 객관형 검사

심리학자들은 일반적인 성격검사보다는 정신적 문제를 진단하기 위해 특별히 개발된 검사들을 훨씬 많이 사용합니다. 즉, 정신장애와 관련된 성향과 상태를 알아보기 위한 임상용 심리검사들이지요.

대표적으로 미네소타 대학교의 심리학자들이 개발한 **미네소타 다면적 인성검사**(MMPI)라는 것이 있습니다.

세계적으로 널리 쓰이는 MMPI는 1943년에 처음 나왔고, 지금은 개정판인 MMPI-2가 쓰이고 있습니다. 한국어판은 2005년에 정식 출간되었습니다.

무려 500여 개의 문항으로 구성돼 있어 검사 시간도 상당히 걸리지요.

스트레스나 우울증으로 검사를 받기 위해 병원이나 상담센터를 찾아가면 MMPI 검사를 하게 될 가능성이 높습니다.

병역 신체검사를 받아본 남자들도 아마 비슷한 검사를 해보셨을 거예요.

사실 그런 경우를 대비해서 일부러 꾸며서 대답하는 게 아닌지 잡아내는 문항도 있답니다.

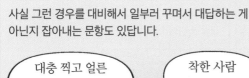

대충 찍고 얼른 끝내야겠어. 내 시간은 소중하니까.

착한 사람 연기 좀 해볼까?

좋은 쪽으로만 체크 체크~

심리검사는 성실하고 솔직하게 응답하는 것이 좋습니다. 바로 여러분 자신의 상태를 정확히 알아보기 위한 거니까요.

솔직하게 응답하지 않으셨네요. 다시 해야 할 수도….

넷?! 어떻게 알았죠?

1시간이나 걸렸는데 ㅜㅜ

MMPI는 곧바로 어떤 정신질환이 있는지 확정해주는 검사는 아닙니다. 그보다는 어떤 문제가 있을 가능성이 높은지 알려주는 것에 가깝죠.

요즘 통 잠을 못 이뤄요.

이 사람은 우울증 환자에게서 많이 나타나는 결과와 비슷한 패턴이 나왔군.

그 방향으로 상담과 치료를 진행해야겠어.

MMPI는 범용 검사라서 다양한 정신장애에 활용할 수 있습니다.

하지만 좀 더 좁은 용도의 검사들도 많죠.

신경심리 검사

불안장애 검사

우울증 검사

기억력 검사

특정한 정신장애나 인지기능만 측정하는 것들입니다.

예를 들어 **벡 우울검사**(Beck Depression Inventory)는 우울증을 진단하는 특별한 용도로 개발된 검사이고, 문항 수도 21개로 비교적 적습니다.

인지치료의 선구자로 유명한 내가 개발했지.

간편하면서도 신뢰도와 타당도가 높다고 인정받는 검사라네.

인터넷에 유사한 것들이 공개돼 있으니 여러분도 검색해서 해볼 수 있어요.

심리검사라고 다 문항이 많을 필요는 없지.

아론 벡

임상용 심리검사 - 투사 검사

이제까지 살펴본 검사들은 숫자나 ○✗로 대답하는 검사들이었는데요,

이렇게 객관적인 형식으로 측정하는 검사만 있지는 않습니다.

그림을 그리는 검사도 있고, 글로 써 넣는 검사도 있죠.

주관식은 취약한데….

시험이 아니라 검사니까 정답이 있는 게 아니야.

이 사람은 지금 **집-나무-사람 검사**라는 검사를 하고 있습니다.

H-T-P (House-Tree-Person) 검사라고도 하죠.

선생님, 잘 그렸죠? 어렸을 적부터 동네에서 피카소가 태어났다고 난리도 아니었어요.

창은 외부 환경과의 상호작용을 의미해. 창이 작은 걸 보니 대인관계가 위축돼 있다고 볼 수 있어.

H-T-P 검사의 그림은 이런 식으로 해석할 수 있습니다. 단, 이런 해석의 신뢰도와 타당도에 대해서는 논란이 있음을 감안해야만 합니다.

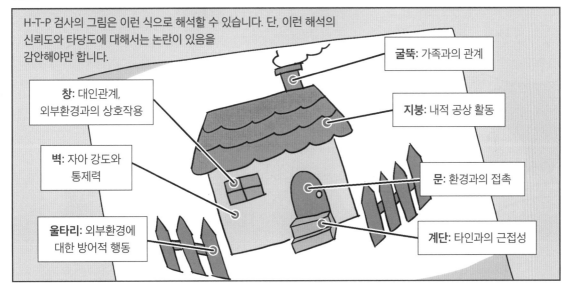

굴뚝: 가족과의 관계

창: 대인관계, 외부환경과의 상호작용

지붕: 내적 공상 활동

벽: 자아 강도와 통제력

문: 환경과의 접촉

울타리: 외부환경에 대한 방어적 행동

계단: 타인과의 근접성

문장 완성 검사라고 해서 불완전한 문장을 주고 남은 부분을 써 넣어보도록 하는 검사도 있습니다.

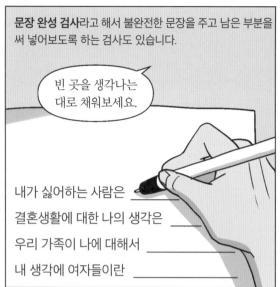

빈 곳을 생각나는 대로 채워보세요.

내가 싫어하는 사람은 ＿＿＿＿＿

결혼생활에 대한 나의 생각은 ＿＿＿＿＿

우리 가족이 나에 대해서 ＿＿＿＿＿

내 생각에 여자들이란 ＿＿＿＿＿

다 했어요.

많이 힘드셨겠어요.

내가 싫어하는 사람은 <u>아버지</u>

결혼생활에 대한 나의 생각은 <u>하기 싫은 것</u>

우리 가족이 나에 대해서 <u>아는 게 있긴 할까</u>

내 생각에 여자들이란 <u>살기 힘들다</u>

힘내세요….

또 **로르샤흐 검사**(Rorschach test)가 있죠.

데칼코마니 그림을 보고 떠오르는 걸 말하는 거죠?

오, 영화에서 본 적 있어요.

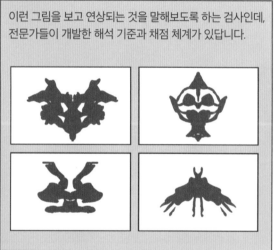

이런 그림을 보고 연상되는 것을 말해보도록 하는 검사인데, 전문가들이 개발한 해석 기준과 채점 체계가 있답니다.

이런 검사들을 **투사 검사**라고 하는데요,

투사라면 이런 검투사를 말하는 건가요? 슉슉~!

그럴 리가 있겠냐?

교수님, 투사가 뭔가요?

투사(投射)는 'Projective'를 번역한 건데, '쏘는, 비추는'을 뜻합니다. 내담자의 그림이나 표현, 연상 작용이 마음속을 비추는 것이라 보고, 그걸 바탕으로 심리적 상태를 추론하기 때문에 '투사'라고 하는 거죠.

우울…

투사 검사는 객관형 검사들과 달리 검사자의 해석에 많이 좌우된다는 단점이 있습니다. 그래서 객관적이지 못하고 신뢰도가 떨어진다는 비판이 있지요.

이런 비판이 있기는 하지만 오랫동안 임상 현장에서 쓰이면서 자료가 누적돼왔고, 치료에 중요한 실마리를 제공할 때가 있기 때문에 아직까지도 많이 쓰이고 있습니다.

반대파 심리학자들

A가 해석했을 때와 B가 해석했을 때의 결과가 이렇게 다르다면 일관성이 없잖아.

맞아. 신뢰도가 상당히 떨어져.

찬성파 심리학자들

훈련받은 전문가들이 하면 충분히 믿을 만해.

그리고 투사 검사를 해야만 환자의 깊은 속마음을 살필 수 있을 때도 있다고.

이런 검사들을 해석하는 건 되게 어려울 것 같아요

어떤 전문가들이 이런 검사를 할 수 있는 거죠?

바로 심리치료를 전문으로 하는 심리학자들이죠.

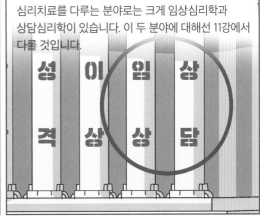

심리치료를 다루는 분야로는 크게 임상심리학과 상담심리학이 있습니다. 이 두 분야에 대해선 11강에서 다룰 것입니다.

성 이 임 상

격 상 상 담

그리고 임상심리학을 전공하든 상담심리학을 전공하든 꼭 배워야 하는 과목이 있는데, 바로 이상심리학입니다.

정신이상의 원인과 양상에 대해 연구하는 분야죠.

심리학과 필수 과목

......

인지심리학

이상심리학

발달심리학

○○심리학

◇◇심리학

......

그럼 이제 정신질환과 심리치료에 대해 알아보러 가볼까요?

네~!

교수님, 얼른 가요!

이상심리학

09 심리검사

요약 노트 *Summary*

심리검사를 평가하는 기준
→ 신뢰도란 검사가 얼마나 안정적으로 일관성 있는 결과를 내놓는가를 말한다.
→ 신뢰도를 측정하는 방법으로 동일한 사람이 짧은 간격을 두고 두 번 검사해 결과를 비교하는 검사-재검사법, 전체 문항을 반으로 나눠 결과를 비교하는 반분신뢰도법 등이 있다.
→ 타당도란 측정하고자 하는 바를 실제로 얼마나 정확히 측정하고 있는가를 말한다.
→ 타당도에는 검사의 내용이 측정하고자 하는 바를 잘 반영하고 있는지 검토하는 내용 타당도, 같은 개념을 측정하는 기존의 준거들과 결과를 비교하는 준거 타당도 등이 있다.

지능검사
① 비네-시몽 지능검사: 학생들의 기억력, 어휘력, 산수 능력 등을 측정했다. 저 연령대의 프랑스 아동만을 대상으로 개발됐다는 한계가 있다.
② 스탠퍼드-비네 검사: 스탠퍼드 대학교의 터만이 비네-시몽 검사를 개량해 만들었고, 최초로 IQ점수를 사용한 검사이다.
③ 웩슬러 지능검사: 평균 100, 표준편차 15인 정규분포상의 상대적 위치로 IQ를 나타낸다. 현재 세계에서 가장 많이 사용되는 지능검사이다.

리커트 척도
→ 심리검사 응답 척도의 하나로 여러 조사에서 널리 사용된다. 응답자가 제시된 문장에 얼마나 동의하는지를 객관식으로 답변하도록 하는 방식이다. 5점 척도가 가장 많이 사용된다.

임상용 검사
→ 정신장애와 관련된 성향과 상태를 알아보기 위한 검사로 임상 진단에 도움이 되는 것을 목적으로 한다.
→ 미네소타 다면적 인성검사(MMPI): 다양한 정신장애 진단에 활용할 수 있는 범용 인성검사로서, 1943년에 최초로 개발됐고, 현재는 MMPI-2라는 개정판이 쓰이고 있다.
→ 벡 우울검사(BDI): 우울증이라는 특정한 정신장애 진단에 활용하는 검사이다. 문항수가 적어 간편하면서도 신뢰도와 타당도가 높다.

투사 검사
→ 투사 검사란 모호한 자극을 제시한 후 피검자가 비교적 자유롭게 반응할 수 있도록 하여, 내면에 숨은 욕구나 동기, 정서를 파악하는 검사이다.
→ 대표적으로 집-나무-사람 검사, 문장 완성 검사, 로르샤흐 검사 등이 있다.

→ 투사 검사는 검사 결과를 점수로 환산하기 어렵고, 검사자의 해석에 따라 결과가 달라질 수 있다는 단점이 있다. 하지만 객관형 검사만으로는 내면의 심리를 파악하기 어렵기 때문에 여전히 임상 현장에서 많이 활용되고 있다.

주요 학자 *Scholars*

루이스 터만 Lewis Terman · 1877~1956
미국의 심리학자이며, 비네-시몽 지능검사를 개정하여 스탠퍼드-비네 검사를 제작했다. 천재의 삶 추적 연구, 행복한 결혼의 심리적 요인 연구, 남녀의 심리적 차이 및 측정 연구 등으로 심리학의 주제를 넓히는 데 기여했다.

데이비드 웩슬러 David Wechsler · 1896~1981
루마니아의 유대인 가정에서 태어나 어려서 미국으로 이민을 온 미국인 심리학자이다. 세계에서 가장 널리 쓰이는 지능검사인 웩슬러 성인 지능검사(WAIS), 아동용 웩슬러 지능검사(WISC) 등을 개발했다.

아론 벡 Aaron Temkin Beck · 1921~
미국의 정신과 의사이며 아론 벡 정신병리 연구센터의 책임자이자 펜실베이니아 대학교의 정신과 명예교수이다. 인지치료의 개척자이며, 우울증과 불안에 대한 자기보고 척도를 개발했다.

퀴즈 *Quiz*

01 심리검사의 문항을 반으로 나누어 각각의 점수를 비교하는 식으로 신뢰도를 확인하는 방법을 _____(이)라고 한다.

02 웩슬러 지능검사는 평균이 _____, 표준편차가 _____인 정규분포상에서의 상대적 위치로 IQ를 나타낸다.

03 다음 중 심리검사와 관련한 설명으로 틀린 것은?
① 비네-시몽 검사는 프랑스와 독일의 아동을 대상으로 제작되었다.
② 스탠퍼드-비네 검사는 최초로 IQ점수를 사용한 검사이다.
③ MMPI는 다양한 정신장애의 진단에 활용할 수 있다.
④ BDI는 우울증 진단에 특화된 검사이다.

지능이란 무엇인가

지능검사를 하면 지능은 IQ라는 수치로 명확하게 표현됩니다. 이 때문에 사람들은 지능이 매우 명확한 개념이며, 지칭하는 대상이 뚜렷하다고 오해하곤 합니다. 하지만 지능이 진짜 무엇이냐고 학자들에게 묻는다면, 계속 논쟁 중인 개념이라 완전히 합의된 답이 없다고 말할지도 모릅니다. 지능을 추상적으로 정의하자면, 환경에 적응하기 위해 정보를 해석하고 지식을 보유하며 활용하는 지적 능력을 가리킵니다. 그런데 그 지적 능력이 무엇인지 구체적으로 따지고 들어가면 학자마다 다양한 견해가 존재합니다.

대표적으로 지능이 과연 단일한 능력인지, 아니면 여러 독자적인 능력들의 집합인지에 대한 논쟁이 있습니다. 지능을 연구한 찰스 스피어만(Charles Spearman)은 여러 특수한 능력들에 공통적으로 기저하는 일반지능(general intelligence)—g 요인이 있다고 믿었습니다. 어휘를 유창하게 사용하는 언어 능력부터 숫자를 잘 계산하는 수리 능력까지, 그 바탕에는 모두 일반지능이 작용하고 있다고 보았죠.

반면 로버트 스턴버그(Robert Sternberg)는 지능이 세 가지로 구분된다는 '지능의 삼원 이론'을 제시했습니다. 첫 번째 지능은 분석적 지능으로, 정답이 분명히 정해져 있는 문제를 해결하는 능력을 가리킵니다. 일반적인 지능검사는 이러한 능력을 측정한다고 볼 수 있습니다. 두 번째 지능은 창의적 지능으로, 낯선 상황에 적응하고 새로운 해결책을 찾아내는 능력을 말합니다. 세 번째 지능은 현실적 지능인데, 풀어야 할 문제가 무엇인지부터 잘 정의돼 있지 않고, 해결책도 여러 가지일 수 있는, 복잡하고 혼란스러운 일상의 과제를 풀어나가는 지능을 가리킵니다. 스턴버그는 CEO나 대통령처럼 크게 성공하는 사람은 분석적 지능은 빼어나지 않더라도 현실적 지능이 매우 우수한 사람이라고 보았습니다.

하워드 가드너(Howard Gardner)는 더 다양하게 지능을 나누었습니다. 언어 지능, 논리-수학 지능, 공간 지능, 신체-운동 지능, 음악 지능, 대인 지능, 자기이해 지능, 자연친화 지능이라는 8가지가 서로 구분되는 지능이라고 본 것입니다. 최근에는 아홉 번째로 실존 지능 또는 영성 지능이라고 하는 지능도 제안되었습니다.

이렇게 다양한 지능이 존재한다는 관점에 맞서 다시 g 요인을 강조하고 여러 지능의 상호관련성과 공통성을 찾아내는 연구들도 이뤄지고 있습니다. 이렇게 지능은 아직 논쟁 중인 개념이라는 것을 잊지 말아야 합니다.

10

PSYCHOLOGY

이상심리학

마음은 어떻게 아픈가

우울함과 우울증의 차이

시험을 망쳤더니 너무 우울해.

나도. 우리 혹시 우울증 아닐까?

하하, 아니에요. 그건 기분이 우울한 것뿐입니다.

그럼, 우울증이랑…

우울한 기분은 어떻게 다른가요?

그건 이상심리학을 배우면 알 수 있습니다. 이상심리학의 '이상'은

Abnormal

비정상을 뜻합니다.

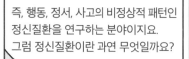

즉, 행동, 정서, 사고의 비정상적 패턴인 정신질환을 연구하는 분야이지요. 그럼 정신질환이란 과연 무엇일까요?

애인과 헤어졌을 때

가족이 사망했을 때

이럴 때 마음이 슬프고 우울해지는 건 비정상이 아니죠.

우울감이 심해져 일상생활을 하지 못할 정도가 되어야 비정상이라고 할 수 있을 것입니다.

이러면 우울함을 넘어서 우울증을 의심해봐야 합니다.

출근해야 하는데 나갈 수가 없어.

살고 싶지 않아.

어렵네요.

판단하는 객관적 기준이 있을까요?

정신질환의 진단과 분류

오늘날 정신질환을 분류하고 진단하는 기준은 크게 두 가지가 있어요. 먼저 국제보건기구(WHO)에서 발표하는 **국제질병분류**(International Classification of Diseases)가 있습니다.

스위스

제네바

World Health Organization

ICD-11
국제 질병 분류

정신질환뿐 아니라 모든 질병을 분류한 체계입니다. 줄여서 ICD라고 하며 최신판은 ICD-11입니다.

다른 하나는 미국정신의학협회(APA)에서 발표하는 **정신질환의 진단 및 통계 편람**(Diagnostic and Statistical Manual of Mental Disorders)입니다.

미국

워싱턴DC

AMERICAN
PSYCHIATRIC
ASSOCIATION

DSM-5-TR
정신질환의 진단 및 통계 편람

줄여서 DSM이라고 하지요. DSM도 몇 차례 개정되어 현재는 DSM-5-TR이 사용되고 있습니다.

이름이 왠지 익숙한데… 들어본 것 같아요.

American
Psychiatric
Association

American
Psychological
Association

APA라면… 미국심리학회 아닌가요?

대개 APA라고 하면 미국심리학회를 가리키지만 미국정신의학협회도 약자가 APA예요.

둘 다 심리학회계에서 크고 중요한 학회들이니 헷갈리지 않도록 주의하세요.

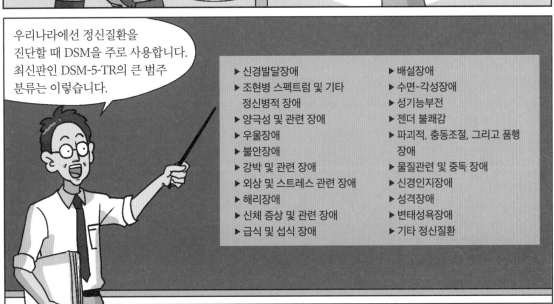

우리나라에선 정신질환을 진단할 때 DSM을 주로 사용합니다. 최신판인 DSM-5-TR의 큰 범주 분류는 이렇습니다.

▶ 신경발달장애
▶ 조현병 스펙트럼 및 기타 정신병적 장애
▶ 양극성 및 관련 장애
▶ 우울장애
▶ 불안장애
▶ 강박 및 관련 장애
▶ 외상 및 스트레스 관련 장애
▶ 해리장애
▶ 신체 증상 및 관련 장애
▶ 급식 및 섭식 장애

▶ 배설장애
▶ 수면-각성장애
▶ 성기능부전
▶ 젠더 불쾌감
▶ 파괴적, 충동조절, 그리고 품행 장애
▶ 물질관련 및 중독 장애
▶ 신경인지장애
▶ 성격장애
▶ 변태성욕장애
▶ 기타 정신질환

이 중에서 우울증 진단 기준을 한번 살펴볼까요?

• Reprinted with permission from the Diagnostic and Statistical Manual of Mental Disorders, Fifth Edition, Text Revision, ⓒ 2022. American Psychiatric Association. 한국어판: DSM-5-TR 정신질환의 진단 및 통계 편람(제5판 수정판), ㈜학지사, 2023

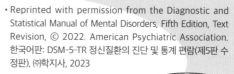

이렇게 진단하는군요.

DSM-5-TR 주요 우울장애 진단 기준

A. 다음의 증상 가운데 5가지(또는 그 이상)의 증상이 같은 2주 동안 지속되며 이전 기능과 비교하여 변화를 보인다. 증상 가운데 적어도 하나는 (1) 우울 기분이거나 (2) 흥미나 즐거움의 상실이어야 한다.
주의점: 명백히 다른 의학적 상태로 인한 증상은 포함되지 않아야 한다.

① 하루 중 대부분, 거의 매일 지속되는 우울한 기분이 주관적인 보고(예, 슬픈, 공허한 또는 절망적인)나 타인에 의한 관찰(예, 눈물 흘리는 모습)에서 드러남(주의점: 아동·청소년의 경우는 과민한 기분으로 나타나기도 함)

② 거의 매일, 하루 중 대부분, 거의 또는 모든 일상 활동에 대해 흥미나 즐거움이 뚜렷하게 저하됨

③ 체중 조절을 하고 있지 않은 상태에서 의미 있는 체중의 감소(예, 1개월에 5% 이상의 체중 변화)나 체중의 증가, 거의 매일 나타나는 식욕의 감소나 증가(주의점: 아동에서는 체중 증가가 기대치에 미달되는 경우)

④ 거의 매일 나타나는 불면이나 과다수면

⑤ 거의 매일 나타나는 정신운동 초조나 지연(타인에 의해 관찰 가능한, 단지 안절부절 또는 처지는 주관적인 느낌만이 아닌!)

⑥ 거의 매일 나타나는 피로나 활력 상실

⑦ 거의 매일 무가치감 또는 과도하거나 부적절한 죄책감(망상적일 수도 있는; 단순히 아픈 데 대한 자책이나 죄책감이 아닌!)

⑧ 거의 매일 나타나는 사고력이나 집중력의 감소 또는 우유부단함(주관적 설명에 의하거나 타인에 의해 관찰 가능한)

⑨ 죽음에 대한 반복적인 생각(단지 죽음에 대한 두려움이 아닌), 구체적인 계획 없이 반복되는 자살 사고, 구체적인 자살 계획, 또는 자살 시도

B. 증상이 사회적, 직업적 또는 다른 중요한 기능 영역에서 임상적으로 현저한 고통이나 손상을 초래한다.

C. 삽화가 물질의 생리적 효과나 다른 의학적 상태로 인한 것이 아니다.

굉장히 구체적이네요.

진단 기준에 여러 증상이 나열돼 있듯이 같은 정신질환이라도 사람마다 증상의 종류가 다를 수 있습니다. 정도와 진행 양상도 다르고요. 어떤 정신질환이 있으면 무조건 이러저러할 거라고 생각하면 안 됩니다.

우울증이라고? 정신이 나약한 거 아냐?

조현병? 범죄 위험이 높지 않아?

매번 뉴스에 나오던걸?

정신질환은 마음먹기에 달렸다는 것도 매우 잘못된 생각입니다. 신체에 병이 생기면 검사를 받고 약을 먹어야 하는 것처럼 정신이 아플 때도 치료를 받아야 합니다.

목이 심하게 부었네.

○○이비인후과

요새 불안과 우울이 너무 심해.

△△신경정신과

정신질환에 대한 사회적 편견을 극복해야 합니다.

환자는 아픈 사람일 뿐 병 자체가 아닙니다.

맞아요!

정신질환자를 마녀나 악마로 취급했던 시대랑은 달라야죠.

지금은 과학적으로 접근하는 시대지만 여전히 편견과 낙인이 심한 것 같아요.

마음의 병도 몸의 병처럼 조기에 치료를 받으면 훨씬 빨리 호전될 수 있는데도 많은 사람들이 편견과 낙인을 두려워해 정신과나 심리치료센터 방문을 꺼립니다. 그러다 병이 악화되기도 하지요.

…

정신건강의학과

그런데요, 교수님. 정신질환을 앓는 사람들은 얼마나 있나요?

조사에 따르면, 4명 중 1명은 평생 최소 1번 이상 정신질환을 앓는다고 해요. 이렇게 보면 정신질환이 남의 얘기만은 아닌 거죠.

그러니 우리 자신을 위해서라도 근거 없는 편견은 버려야 해요.

그러려면 정신질환에 대해 정확히 아는 것이 중요하겠죠?

네~!

어서 설명해주세요!

네. 그럼 정신의학과 심리학이 밝혀낸 기초적인 내용을 한번 알아볼까요?

조현병

모든 정신질환을 설명할 수는 없으니, 몇 가지 주요 정신질환을 중심으로 간략히 살펴봅시다.

정신질환이라고 하면 뭐가 먼저 떠오르나요?

정신분열증?

요새는 다른 말로 부르던데.

네, 지금은 **조현병**이라고 합니다.

대표적인 중증 정신질환이며, '정신분열증'이라는 명칭은 오해의 소지가 있고 부정적인 고정관념을 강화할 우려가 있어 최근에 바뀌었지요.

조 현 병 클리닉

'조현병'에서 '조현(調絃)'은 현악기의 음을 가다듬는다는 말인데, 정신을 가다듬는 기능에 문제가 생겼다는 뜻으로 볼 수 있어요. 조현병은 100명 중 1명이 걸리는 흔한 병이며, 주로 10대 후반에서 20대에 발병한답니다.

거기, 조현이 좀 필요한 거 같아.

네.

조현병은 현실과 상상을 구별하는 능력이 약해지면서 정신적 혼란을 보이는 질환입니다.

나 같은 신경전달물질의 불균형과 관련이 있다는 연구가 있어!

HO
도파민
Dopamine
HO
NH2

원인은 정확히 밝혀지지 않았지만 최근에는 뇌의 생화학적 이상과 관련이 있다고 보는 견해가 많습니다.

조현병의 증상은 **양성증상**과 **음성증상**으로 나뉩니다.

나는 양성(+). 다른 사람들에게 없는 것이 나타나지.

난 음성(-). 다른 사람들에게 있는 것이 나타나지 않지.

양성증상에는 환각, 망상, 와해된 행동이 있습니다. 조현병 환자의 환각(환시와 환청)은 너무 생생하기 때문에 그게 현실인지 환각인지 구분하지 못하고 마치 현실처럼 느끼게 됩니다.

이 세상은 곧 멸망할 것이다!!!!

조현병의 망상은 기괴하고 비현실적인 경우가 많습니다.

알리샤, 난 정부에서 암호 해독을 요청받은 비밀 요원이야.

이 사실을 그 누구에게도 발설해선 안 돼!

지금 당신이 발설하고 있잖아.

끌끌.

영화 〈뷰티풀 마인드〉는 조현병을 앓았던 존 내시의 실화를 바탕으로 제작했지요.

음성증상으로는 즐거움을 느끼지 못하고, 말수가 줄어들고, 감정 표현이 단조로워지는 등의 증상이 있습니다.

생일 축하해~!

널 위한 선물이야.

…

그럼 이런 조현병은 어떻게 치료할 수 있나요?

조현병 치료법에는 약물치료와 심리치료가 있습니다.

가정과 지역사회에서는 환자의 치료 및 적응과 재활을 도울 수 있는 환경을 마련해야 합니다. 꾸준히 치료받으며 관리하면 조현병 환자도 일상생활을 영위할 수 있습니다.

가족

전문가

지역사회

행복주민센터

불안장애

불안(anxiety)은 미래의 위협을 우려하는 사람이 경험하는 기분으로서, 장기간 지속되어 일상생활에서 문제를 일으키면 불안장애가 됩니다.

불안은 정서, 행동, 신체 반응의 세 측면으로 나타납니다.

정서   행동   신체

학교에서 발표를 할 때 손이 떨리고 가슴이 뛰는데…

저도 불안장애인가요?

발표 잘 하던데…

하하, 그건 아닙니다.

불안감 때문에 불필요하게 긴장하면서 생활에 어려움을 겪을 때 불안장애라고 한답니다.

세부적으로는 이렇게 분류가 됩니다.

요즘 자주 듣는 공황장애가 불안장애 중 하나였구나!

범불안장애
공황장애
특정공포증
…

범불안장애

일상생활에서 흔히 일어나는 상황과 활동에 대해 지나치게 걱정하는 질환으로, 목적이 불분명하고 만성적인 특징이 있습니다.

약속시간에 늦으면 어떡하지?

미팅 중에 커피가 옷에 묻으면 어쩌지?

내가 이렇게 걱정이 많은 것도 걱정이야.

불안

초조

공황장애

그럼 공황장애는요?

두려워할 만한 합리적 이유가 없는 상태에서 갑작스럽게 심한 불안으로 공황발작이 일어나는 질환입니다.

공황발작이 일어나면 죽을 것 같은 공포를 느끼지만 실제로 죽을 정도의 위험은 없기 때문에 심리적 증상입니다.

이러다 숨이 막혀 죽고 말 거야.

공황 때문에 사람이 많은 곳에 가지 못하는 경우도 있나요?

안 타세요?

그럼요, 공황장애 환자는 사람이 많은 곳이나 탈출하지 못하는 공간에서

공황발작이 일어날까봐 그런 공간이나 상황을 회피하기도 합니다.

그것 때문에 생활에 어려움을 겪기도 하지요.

특정공포증

꺄아아아악! 거미, 거미다!

척

안심하세요. 거미 인형이에요.

불안 중에서도 위험에 대한 즉각적인 경계반응을 공포라고 하는데요. 특정공포증이란 거미, 뱀, 높은 곳, 주사기 같은 특정한 대상에 공포를 느끼는 것을 말합니다.

특정공포증은 체계적 둔감화 기법으로 치료할 수 있는데, 이 치료법에 대해선 다음 강의에서 자세히 얘기하겠습니다.

으…, 난 세상에서 귀신이 제일 무서워.

세상에 귀신이 어딨어?

거미 인형도 무서워하는 애는 조용!

기분장애

기분장애는 말 그대로 기분에 문제가 생기는 정신질환입니다.

그럼 저희가 얘기했던 우울증은 기분장애에 해당하겠군요?

참고로 심리학에선 **기분**(mood)과 **정서**(emotion)를 구분합니다.

기분: 전반적이고 지속적인 감정 상태

요새 계속 무기력해.

정서: 희로애락 같은 즉각적인 감정 반응

시험을 너무 못 봐서 우울해.

대표적인 기분장애에는 주요우울장애와 양극성 장애가 있습니다.

일반적으로 우울증이라고 하면 주요우울장애를 말합니다.

양극성 장애는 양극단을 오고가서 그런 이름이 붙은 거군요.

〈우울증〉

기분이 오랫동안 부정적으로 유지되어 고통이 유발됨.

〈양극성 장애〉

기분이 비정상적으로 좋아지거나 나빠지는 증상이 모두 나타남.

양극성 장애에선 우울한 증상뿐 아니라 조증도 나타납니다. 조증은 잠을 안 자도 피곤함을 잘 못 느끼고, 평소보다 말이 많아지며, 비현실적일 정도로 낙관적인 상태를 말합니다.

이 그림은 최고야! 1억을 주겠다는 사람이 나올지도 몰라.

우울증과 양극성 장애는 발병 원인과 메커니즘이 다릅니다.

또한 양극성 장애인데도 조증이 자주 나타나지 않아 우울증으로 오인하는 경우도 있습니다.

둘 다 생물학적 요인이 작용하지만 우울증에는 환경적 요인도 크게 작용합니다.

그러니 어떤 장애인지 알기 위해선 꼭 전문가의 진단을 받아야겠죠?

성격장애

개인의 사고방식, 환경과 관계를 맺는 방식을 특징짓는 지속적인 패턴을 성격이라고 했지요.

> 난 용의주도한 전략가….

> 난 호기심 많은 예술가!

이 성격에 융통성이 없어 인간관계나 사회 적응에 심각한 손상이 있는 경우를 성격장애라고 합니다.

> 일을 이따위로 할 거면 회사는 왜 나와!

> 생긴 것부터가 마음에 안 들더라니….

> 또 시작이다

> 이 또한 지나가리…

성격은 그 사람에게 내재된 지속적인 특성이기 때문에 바꾸기가 매우 어렵습니다.

> 계속 이렇게 살아왔는데 어쩌라는 거지?

또한 병식(病識), 즉 자신에게 병이 있다는 자각이 없다는 것도 대부분의 성격장애 사례에서 나타나는 특징입니다.

> 내 성격이 어때서? 난 괜찮은데 뭐가 문제라는 거지?

> 넌 괜찮을지 몰라도 우리가 힘들어.

성격장애의 분류에 대해서는 학자들 간 계속 논란이 있어왔고, 지금도 완벽하게 합의되지는 않았습니다.

> 그러니 분류 기준을 제쳐놓고 특징 위주로 알아볼까요?

반사회성 성격장애 말 그대로 반사회적 성향을 특징으로 하는 성격장애입니다. 타인에 대한 배려, 도덕성, 책임감이 없는 것이 특징입니다.

자신의 욕구와 충동만을 중시하기 때문에 타인을 고려한 행동을 하지 못합니다. 그래서 쉽게 거짓말을 하고 범죄를 저지르게 됩니다.

어디? 늑대가 어디 있어?

어라? 방금까지 여기 있었는데, 늑대가 어디로 갔더라~♬

이러한 특성은 인지 기능의 손상과는 무관하므로 겉으로는 유능하고 자신만만한 사람으로 보일 수 있습니다.

세상에, 이 많은 서류를 혼자서 다 처리한 거야?

뭐야, 제대로 해놓은 게 하나도 없잖아! 맞춤법도 다 틀리고.

하지만 충동적으로 행동하는 경향이 있기 때문에 안정적으로 대인관계나 직업을 유지하지 못할 가능성이 높습니다.

이런 묘사에 '사이코 패스'를 떠올릴 수도 있습니다.

하지만 '사이코패스'는 DSM이나 ICD 같은 진단 기준에 나오는 공식적인 진단명이 아닙니다.

사이코패스는 반사회성 성격장애보다 좀 더 협소하게 규정되므로 빈도가 더 적습니다.

타인에 대한 공감능력과 죄책감이 전혀 없어 비도덕적인 행동을 반복하는 사람을 가리키지요.

경계선 성격장애 자기 자신에 대한 상이 불안정하고, 정서와 대인관계도 매우 변덕스러운 성격장애입니다.

경계선 성격장애를 지닌 사람은 겉보기에는 굉장히 사교적이지만 속으로는 인간관계에 심한 불안을 느낍니다. 그래서 만족스럽고 안정적인 관계를 잘 맺지 못합니다.

편집성 성격장애 타인을 지나치게 의심하고, 쉽게 원한을 품음.

조현성 성격장애 감정 표현을 잘하지 않고 비활동적이며 사회적으로 고립됨.

신경발달장애

신경발달장애는 뇌의 발달지연 또는 뇌의 손상과 관련이 있는 정신질환을 말합니다.
대표적으로는 주의력결핍과잉행동장애(ADHD)와 자폐스펙트럼장애가 있습니다.

신경발달장애는 나와 밀접한 관계가 있어!

주의력결핍과잉행동장애는 이름처럼 주의력 결핍을 특징으로 합니다.

아빠가 물 좀 가져다 달라고 말했는데

못 들었니?

다른 사람이 말을 할 때 경청하지 않는 것처럼 보임.

이렇게 집중해서 블록을…

모르겠어요. 딴 거 할래요.

과제와 활동을 체계화하는 데 어려움을 느낌.

책가방을 또 두고 왔어.

자주 물건을 잃어버리네.

필요한 물건을 자주 잃어버림.

그리고 수업시간에 갑자기 일어나서 돌아다닌다거나 지나치게 수다스럽게 말하는 등 과잉행동이 나타나죠.

자리에 앉아야지!

$3 + \frac{1}{2} =$

아빠가 좋아하는 건…

아빠가 좋아하는 건 말이야…

내가 좋아하는 건 탕수육이야! 탕수육!!

치킨! 나는 양념치킨도 좋아해!!

저도 시험기간에 공부를 하다 말고 계속 핸드폰을 보는데요.

그럼 저도 주의력결핍과잉행동장애인가요?

에이, 설마~

공부하다 핸드폰 보는 사람이 얼마나 많은데, 그 정도로 ADHD라고 하지는 않겠죠?

ADHD라고 진단하려면 또래 아동과 비슷한 수준의 산만함을 넘어 두드러지게 심해야 한답니다.

아, 게다가 저는 아동이 아니니까 ADHD는 아니겠죠?

하하, 흔히 아동의 장애로 알려져 있지만 성인 ADHD도 있답니다.

다만 성인의 경우에는 과잉행동보다는 주의력결핍이 두드러진답니다.

또 다른 신경발달장애인 자폐스펙트럼장애는 어떨까요? 이 장애는 사회적 의사소통의 결함, 제한적인 관심사, 반복적인 행동을 특징으로 합니다.

와~ 저기 강아지 있네. 관심 없니?

…

자폐 증상이 매우 다양한 방식과 정도로 나타나기 때문에 스펙트럼이라는 말이 붙었지요.

광원

프리즘

가시광선의 스펙트럼 안에 빨주노초파남보 다양한 색이 존재하는 것처럼

자폐스펙트럼장애 안에도 다양한 경우가 있는 거죠.

자폐증이나 아스퍼거 증후군이 자폐스펙트럼장애에 해당하는 건가요?

자폐증
아동기 붕괴성 장애
아스퍼거 증후군

맞습니다. 예전에는 아스퍼거 증후군은 별도의 장애였는데, DSM-5부터 자폐스펙트럼장애라는 분류로 묶이게 되었답니다.

대개 만 2세 전에 언어발달이 지체되고, 눈맞춤을 잘 못하거나, 이름을 불러도 반응이 없거나, 스킨십을 거부하는 등의 문제들이 발생합니다.

엄마랑 눈 맞춰볼까?

엄마가 안아줄게.

정말 다양한 정신질환과 증상들이 있네요.

원인과 치료법까지 알려면 정말 공부할 게 많겠네요.

대표적인 정신질환들을 증상 위주로 간단히 살펴본 정도지요. 이제 치료에 대해서도 살펴봐야겠죠?

다음 장에서는 정신질환을 치유하고 심리적 문제 해결을 돕는 분야인

임상심리학과 상담심리학에 대해 알아보겠습니다.

네~!

여러분~ 같이 가야죠!

NEXT 임상심리학

NEXT 상담심리학

10 | 3분 정리
이상심리학

요약 노트 *Summary*

이상심리학
→ 행동, 정서, 사고의 병리적 현상에 대해 연구하는 심리학 분야이다.
→ 정신질환의 진단과 분류 기준으로는 크게 국제보건기구(WHO)의 '국제질병분류(ICD)'와 미국정신의학협회(APA)의 '정신질환의 진단 및 통계 편람(DSM)'이 있다.

조현병
→ 현실과 상상을 구별하는 능력의 약화로 정신적 혼란을 보이는 질환이다. 원인은 정확하지 않으며 증상은 양성과 음성으로 나뉜다.
① 양성증상: 환각, 망상, 와해된 행동이 나타난다.
② 음성증상: 말수가 적고, 의욕이 없으며, 정서 표현이 단조롭다.
→ 조현병은 주로 청소년기 또는 성인기 초기에 발병한다. 조현병은 유전적, 생물학적 취약성에 심리적, 환경적 요인이 결합됐을 때 발병할 확률이 높다. 신경전달물질의 하나인 도파민의 불균형과 관련이 있다는 이론도 있다.

불안장애
→ 미래에 대한 불안과 현재 상황에 대한 공포가 과도하여 일상생활에 장애를 일으키는 질환이다.
→ 범불안장애: 일상에서 흔히 일어나는 상황과 활동에 대해 지나치게 걱정하는 질환으로, 불안의 대상이 불분명하고 만성적이다.
→ 공황장애: 두려워할 만한 합리적 이유가 없이 갑작스럽게 심한 불안으로 인해 공황발작이 일어나는 질환이다. 공황발작에 대한 두려움 때문에 특정 공간이나 상황을 회피하기도 한다.
→ 특정공포증: 뱀, 주사기, 높은 곳 등 특정한 대상에 대해 즉각적이고 강한 공포를 느끼는 질환이다.

기분장애
→ 사건에 대한 즉각적인 감정 반응은 정서(emotion)라고 하며, 전반적이고 지속적인 감정 상태는 기분(mood)이라고 한다. 기분장애는 기분의 변조 때문에 고통을 느끼고 일상 생활에 지장을 초래하는 장애를 말한다.
→ 우울증: 기분이 오랫동안 부정적으로 유지되어 고통이 유발되는 질환이다.
→ 양극성 장애: 비정상적 흥분 상태인 조증 삽화와 비정상적 우울 상태인 우울증 삽화가 주기적으로 번갈아 나타나는 기분장애이다.

성격장애

→ 성격의 이상으로 인해 인간관계나 사회 적응에 심각한 손상이 있는 경우를 성격장애라고 한다. 성격의 특성상 바꾸기가 매우 어렵고, 스스로 문제를 자각하기 힘든 질환이라는 특징이 있다.

→ 성격장애는 A군, B군, C군으로 나눌 수 있다. 하지만 이러한 범주 구분 모형이 진단 및 치료에 유용한가에 대해선 학자들 간 논란이 있다. 대안적인 모형이 제시되고 있긴 하지만 아직까지 기존의 범주 구분이 대체되지는 않았다.

→ A군 성격장애: 사회적 고립 및 기이함을 특징으로 함.

① 편집성 성격장애: 타인에게 악의가 있다고 생각하고 지나치게 의심하며 쉽게 원한을 갖는다.

② 조현성 성격장애: 감정 표현을 잘 하지 않고 대인관계가 제한되어 사회적으로 고립된다.

③ 조현형 성격장애: 인간관계를 유지하는 능력이 떨어지고, 왜곡된 사고와 착각을 보이며, 기이한 행동을 한다.

→ B군 성격장애: 감정적이고 변덕스러움을 특징으로 함.

반사회성 성격장애: 타인에 대한 배려, 도덕성, 책임감이 없다. 타인보다 자신의 욕구와 충동을 중시하며, 대인관계나 직업 등을 안정적으로 유지하지 못할 가능성이 높다.

① 경계선 성격장애: 자신에 대한 상이 불안정하고 정서와 대인관계가 매우 변덕스럽다. 겉으로는 사교적으로 보이지만 속으로는 관계에 불안을 느껴 만족스럽고 안정적인 관계를 잘 맺지 못한다.

② 연극성 성격장애: 과도하게 타인의 관심을 받으려 하여 주의를 끄는 행동을 많이 하고, 감정적 표현을 남발한다.

③ 자기애성 성격장애: 자신을 과대평가하고, 공감 능력이 떨어지며, 타인의 평가에 민감하게 반응한다.

→ C군 성격장애: 불안과 두려움을 특징으로 함.

① 회피성 성격장애: 사람들의 부정적 평가와 거절에 지나치게 민감하여 사회적 활동을 회피한다.

② 의존성 성격장애: 돌봄을 받고자 하는 욕구가 지나치고, 책임지는 것을 피하며 자신에 대한 결정을 타인에게 의존한다.

③ 강박성 성격장애: 효율성이 떨어질 정도로 정돈에 집착하며, 인간관계마저 통제하려 하여 개방성과 융통성이 없다.

신경발달장애	→ 뇌의 발달지연 또는 뇌 손상과 관련이 있는 발달장애이다.
	→ 주의력결핍과잉행동장애(ADHD): 주의력 결핍과 과잉행동의 특징이 있는 발달장애이며, 아동의 사례가 많지만 성인 환자도 존재한다.
	→ 자폐스펙트럼장애: 사회적 의사소통의 결함, 제한적인 관심사, 반복적인 행동을 특징으로 하는 발달장애이다. 보통 만 2세 이전에 이름을 불러도 반응이 없거나, 눈맞춤을 잘 하지 못하는 등의 증상이 나타난다. 예전에는 자폐증, 아스퍼거증후군, 아동기 붕괴성 장애 등이 별도의 분류였으나, DSM-5에서 자폐스펙트럼장애라는 범주로 통합되었다.

주요 학회 · *Associations*

미국정신의학협회 American Psychiatric Association · 1844~

정신과 의사 및 수련의를 회원으로 하는 미국의 학회이다. 세계에서 가장 큰 정신의학 단체로 회원 수가 3만 8,000명이 넘는다. 1844년에 정신과 전문 병원장들의 모임으로 출범했으며, 1921년에 현재의 이름으로 바뀌었다.

정신질환을 진단하는 기준으로 널리 사용되는 『정신질환의 진단 및 통계 편람(Diagnostic and Statistical Manual of Mental Disorders)』(약칭은 DSM)을 출간하는 단체로 유명하다. 회원들의 전문적 의견을 모으고 논의를 거쳐 1952년에 초판인 DSM-I을 출간했으며, 이후 지속적으로 개정하여 1968년에 DSM-II, 1980년에 DSM-III, 1987년에 DSM-III-R, 1994년에 DSM-IV, 2000년에 DSM-IV-R를 펴냈다. DSM-5는 2013년에 출간됐으며, 이를 업데이트한 DSM-5-TR은 2022년에 나왔다.

미국심리학회 American Psychological Association

미국에서 가장 큰 심리학 단체이며, 1892년에 매사추세츠주 클라크 대학교에서 약 30명의 회원으로 출범했다. 초대 회장은 스탠리 홀이었으며, 윌리엄 제임스, 존 B. 왓슨, 에드워드 손다이크, 루이스 터만, 칼 로저스 등 쟁쟁한 심리학자들이 회장을 역임했다. 현재는 과학자, 교육자, 임상가, 학생을 포함해 12만 2,000명이 넘는 회원이 소속돼 있다. 산하에는 실험 및 인지심리학 분과, 발달심리학 분과, 성격 및 사회심리학 분과, 교육심리학 분과, 소비자심리학 분과 등 심리학의 거의 모든 분야를 망라하는 54개 분과가 있고, 그중 임상심리학 분과와 상담심리학 분과가 가장 규모가 크다.

많은 학술지를 펴내는 것으로도 유명해 『Journal of Experimental Psychology』, 『Behavioral Neuroscience』, 『Psychological Review』를 비롯해 80개가 넘는 학술지를 펴내고 있다. 미국심리학회에서 쓰는 논문 및 참고문헌 작성법은 'APA 양식(APA style)'이라고 하여 사회과학 분야 및 관련 분야에서 널리 쓰이고 있다.

Q1 정신질환의 진단과 분류에 사용되는 공인된 기준으로는 국제보건기구(WHO)에서 나오는 _____와(과) 미국정신의학협회(APA)에서 나오는 _____이(가) 있다.

Q2 기분장애 중 _____에선 조증도 나타난다. 조증은 비정상적으로 기분이 고양되어 충동적으로 행동하거나 비논리적으로 낙관적인 사고를 하는 정신적 상태를 말한다.

Q3 다음 중 정신질환에 대한 설명으로 틀린 것은 무엇인가?
① 조현병은 100명 중 1명이 걸리는 병이고, 주로 10대 후반에서 20대에 발병한다.
② 공황장애는 실제로 위험한 상황에 처했을 때 강한 불안을 느끼는 장애이다.
③ ADHD는 아동뿐만 아니라 성인에게도 나타날 수 있다.
④ 체계적 둔감화 기법은 특정공포증을 치료하는 데 활용된다.

Q4 다음 중 성격장애에 대한 설명으로 맞는 것은 무엇인가?
① 성격장애 환자는 자신에게 병이 있다는 자각이 강하다.
② 사이코패스는 DSM-5에 규정된 진단명이다.
③ 경계선 성격장애 환자는 사교적이어서 인간관계에는 큰 문제가 없다.
④ 회피성 성격장애 환자는 친교에 관심이 없는 것은 아니지만 거절에 대한 두려움 때문에 대인관계를 회피한다.

긍정심리학

심리학은 정신의 비정상, 즉 부정적인 측면을 오랫동안 집요하게 연구해왔습니다. 과거 프로이트의 연구도 그렇고 현대의 이상심리학 역시 인간의 정신 장애의 양상을 연구하고 있죠. 그런데 이런 부정적 측면 중심의 연구에 의문을 품고, 방향을 전환해 인간의 긍정적 측면을 연구해야 한다는 움직임이 있었습니다. 이런 흐름을 타고 탄생한 분야가 바로 긍정심리학(positive psychology)입니다. 긍정심리학은 인간의 강점과 장점을 밝혀내고, 어떻게 하면 개인이 더 행복하게 살 수 있는가를 연구하는 분야입니다. 행복을 연구하는 심리학이라고 하기도 합니다.

긍정심리학을 대표하는 학자로는 마틴 셀리그먼(Martin Seligman), 미하이 칙센트미하이(Mihaly Csikszentmihalyi), 크리스토퍼 피터슨(Christopher Peterson), 에드 디너(Ed Diener) 등이 있습니다. 특히 셀리그먼은 긍정심리학의 창시자로서, 그가 미국심리학회(APA) 회장으로 취임한 1998년에 이 분야가 본격적으로 성립되었다고 할 수 있습니다.

셀리그먼과 피터슨은 인간의 강점을 연구해서 VIA(virtues in action)라는 이름으로 체계적으로 분류했습니다. VIA에서는 인간의 긍정적 특성을 크게 6개의 덕목과 24개의 강점으로 정리했습니다. 6개의 덕목은 지혜, 인간애, 용기, 절제, 정의, 초월이며, 강점은 각 덕목을 좀 더 세분화한 것입니다. 자신에게 어떤 강점이 있는지 알아볼 수 있는 VIA 검사도 개발돼 있습니다. 칙센트미하이는 몰입(flow)을 연구했습니다. 여기서 몰입이란 사람이 자신이 현재 하고 있는 활동에 완전히 정신을 집중하면서 그것을 즐기는 상태를 말합니다. 사람은 몰입할 수 있는 활동을 통해 성취감은 물론 행복감도 느낄 수 있습니다. 그리고 디너는 사람이 주관적으로 느끼는 행복감에 주목했습니다. 디너의 연구에 따르면 행복감은 목표를 달성하는 데서 느껴지는 것이 아니라 목표를 향해 나아가는 과정에서 느끼게 되는 것이라고 합니다. 즉, 행복감은 우리가 어떻게 살아가느냐에 따라 자연스럽게 뒤따르는 감정이라는 것이죠. 디너는 사람이 어떨 때 행복을 느끼는지, 그리고 행복한 삶에 필요한 요소는 무엇인지를 연구했습니다.

오늘날 개인의 행복은 가장 중요한 가치 중 하나이며, 각자가 어떻게 느끼는가가 점점 중요하게 고려되고 있습니다. 이에 따라 긍정심리학이 사람들에게 기여할 수 있는 가능성과 중요도 역시 더욱 커지고 있습니다.

11

PSYCHOLOGY

임상심리학과 상담심리학

마음을 치유하는 법

심리치료를 다루는 두 분야

이번에는 심리치료에 대해 알아볼 건데요.

심리치료는 임상심리학과 상담심리학에서 다루고 있습니다.

심리치료
임상심리학
상담심리학

임상이란 말은 정확히 무슨 뜻인가요?

임상심리학과 상담심리학의 차이는 뭔가요?

굿 퀘스천~!

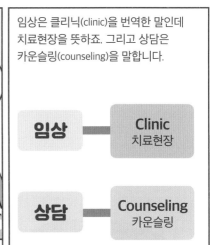

임상은 클리닉(clinic)을 번역한 말인데 치료현장을 뜻하죠. 그리고 상담은 카운슬링(counseling)을 말합니다.

임상 — Clinic 치료현장

상담 — Counseling 카운슬링

난 마음이 이만큼이나 괴로워.

내 마음엔 이만큼 문제가 있어.

저희 의원에서 치료를 받으셔야 합니다.

○○ 정신과

잘 오셨습니다. 상담이 필요합니다.

△△ 상담센터

이와 같이 임상심리학은 병원에서 치료가 필요한 수준의 심각한 정신질환을 많이 다루고,

상담심리학은 그보다는 덜 심한 정신질환부터 일상적 스트레스까지 다룬다고 생각하면 됩니다.

아항~!

임상심리학과 상담심리학을 구분하기는 하지만 하는 일이나 배우는 내용은 중첩돼 있습니다. 임상심리학자도 상담 방법을 사용하며, 상담심리학자도 정신질환을 치료하는 경우가 있으니까요.

10강에서 여러 정신질환이 있다는 걸 배웠죠?

임상심리학자는 그런 정신질환을 연구하고, 환자를 검사해 어떤 문제가 있는지 알아내 치료를 합니다.

병원에서 정신과 의사와 협력해서 일을 하기도 하죠.

의사만 사람들을 치료하는 게 아니었네요.

심리학자도 치료를 하는군요.

그렇죠. 임상심리학자는 특히 심리검사를 시행하고 해석하는 일, 진단 후 심리치료를 진행하는 일에 전문성이 있습니다.

인지심리학이 마음의 작동 원리를 밝혀내는 것을 목표로 하는 대표적인 이론 분야라면, 임상심리학은 사람을 치료하는 것을 목표로 하는 대표적인 응용 분야라고 할 수 있습니다.

인지심리, 지각심리, 발달심리, 성격심리, 사회심리, …

이론

임상심리, 상담심리, 산업심리, 교육심리, 범죄심리, …

응용

임상심리학자가 되기 위해선 병원에서 수련을 받으며 여러 사례를 접해야 합니다. 한 사람의 심리치료 전문가가 탄생하기 위해선 긴 숙련 기간이 필요하답니다.

좋은 도구를 만들기 위해선 숙련이 필요하지.

임상심리학의 역사

왠지 임상심리학자처럼 임상심리학도 오랜 숙련 기간을 거쳤을 것 같아요.

맞아요. 임상심리학도 심리학의 초창기부터 성립해 발전해왔답니다.

'임상심리학'이란 말을 도입하기도 한 미국의 심리학자 라이트너 위트머는 1896년에 세계 최초의 심리클리닉을 개설했습니다.

난 빌헬름 분트 밑에서 연구를 하고,

고향인 펜실베이니아로 돌아와 최초의 심리클리닉을 열었지.

라이트너 위트머

심리학의 탄생이 1879년이니까, 20년도 지나기 전이네요

그럼 심리치료도 위트머가 처음 한 건가요?

그건 아니에요. 위트머는 어디까지나 심리학의 한 분야로서 임상심리학을 정립한 사람이랍니다.

예를 들어 비슷한 시기에 프로이트가 히스테리 환자들에게 시도했던 치료도 심리치료라고 할 수 있죠.

의사 선생님만 믿어요.

히스테리 치료는 저 프로이트에게 맡겨주십시오.

다만 프로이트는 심리학자가 아닌 의사였고, 자신이 창시한 기법과 학문을 정신분석학이라고 칭했습니다.

정신질환 때문에 도움이 필요한 사람은 어디에나 있었기 때문에 임상심리학은 빠르게 발전했답니다.

특히 미국에서는 두 번의 세계대전을 치르며 군인들의 정신적 고통이 사회문제가 되다보니 심리치료에 대한 수요가 높아졌죠.

하지만 임상심리학은 아직 의학만큼 기반이 확고하지 않았습니다. 그래서 심리치료의 신뢰성과 효율성을 높이고 전문가로서도 인정받아야 하는 상황이었답니다.

아직 멀었군.
ㅎㅎ

...

의학

심리학

그래서 1949년 임상심리학자들의 회의에서 '과학자-임상가 모델(Scientist-practitioner model)'이 선포됩니다.

미국 콜로라도주 볼더라는 곳에서 선포되어 볼더 모델이라고도 하죠.

이 모델에 따르면 임상심리학자는 현장에서 전문 지식과 기술을 사용하는 임상가여야 함과 동시에,

인간 심리의 원리를 이해하고 직접 연구를 수행할 수 있는 과학자여야 합니다.

비단 심리학의 지식을 현장에서 적용하는 사람을 넘어 현장의 데이터를 바탕으로 다시 지식을 창출할 수 있는 사람이 되어야 하는 것이죠.

이런 현상은 저런 방식으로 이렇게 일어나는 거예요.

네, 맞아요. 선생님! ♡

볼더 모델은 지금까지 70여 년 동안 임상심리학자를 훈련하는 모델로서 인정받고 지침으로 활용되고 있습니다.

훈련　연구

교육

볼더 모델

오랜 시간 많은 사람들의 노력으로 임상심리학이 자리를 잡은 거군요!

와~ 대단해요!

심리치료의 종류

약물치료

먼저 심리치료는 아니지만 정신질환 치료에서 빼놓을 수 없는 선택지인 약물치료부터 알아봅시다.

또 만나서 반가워~ 뇌입니당 ♡

뇌에서 일어난 신경학적 이상이 정신적 문제의 원인이 되기도 해!

예를 들어 특정 신경전달물질의 과다나 과소는 우울한 기분을 유발할 수 있지.

기분을 푸는 활동을 하고 사고방식을 긍정적으로 바꿔보려 해도 뇌가 그럴 준비가 돼 있지 않으면 소용이 없어!

알았죠? 그래서 경우에 따라선 약물치료가 가장 효과적일뿐더러 필수적이랍니다.

하긴! 몸이 아플 때도 약을 먹으니까요. 뇌도 몸의 일부이고….

맞아. 예를 들면 어떤 약물이 쓰이나요, 교수님?

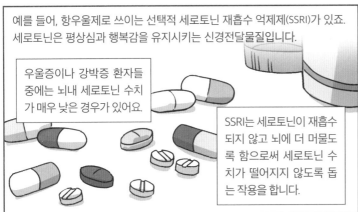

예를 들어, 항우울제로 쓰이는 선택적 세로토닌 재흡수 억제제(SSRI)가 있죠. 세로토닌은 평상심과 행복감을 유지시키는 신경전달물질입니다.

우울증이나 강박증 환자들 중에는 뇌내 세로토닌 수치가 매우 낮은 경우가 있어요.

SSRI는 세로토닌이 재흡수 되지 않고 뇌에 더 머물도록 함으로써 세로토닌 수치가 떨어지지 않도록 돕는 작용을 합니다.

그런 약물은 효과가 엄청 좋겠네요! 하지만 뇌신경에 직접 작용하는 만큼 주의점도 있는 거겠죠?

그럼요!

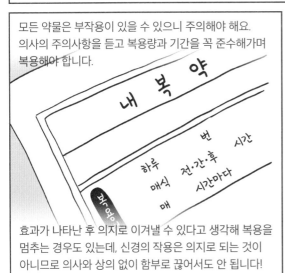

모든 약물은 부작용이 있을 수 있으니 주의해야 해요. 의사의 주의사항을 듣고 복용량과 기간을 꼭 준수해가며 복용해야 합니다.

내 복 약

번 시간
하루 전·간·후
매식 시간마다
매
복용약~

효과가 나타난 후 의지로 이겨낼 수 있다고 생각해 복용을 멈추는 경우도 있는데, 신경의 작용은 의지로 되는 것이 아니므로 의사와 상의 없이 함부로 끊어서도 안 됩니다!

감기에 듣는 약을 먹을 때 의지로 열을 내릴 수 있다고 생각하면서 약을 끊으면 안 되는 것처럼 말이죠?

그래요. 뇌도 신체기관의 하나이고, 우리가 통제할 수 없는 작용이 있다는 것을 잊지 말아야 합니다.

잊지 말아요!

절대!

정신분석치료

정신분석치료가 바라보는 인간은 이렇습니다.

사람의 생각과 행동, 성격 형성은 무의식 속 욕망에 의해 좌우됩니다. 특히 어린 시절 경험은 무의식에 깊게 뿌리내려

성인이 되어서까지 영향을 줍니다.

그래서 치료 원리는 이렇습니다.

억압돼 있는 무의식적 욕망은 뒤틀려 표출되면서 문제를 낳을 수 있습니다.

그런 무의식적 욕구나 소망을 발견하고 끄집어내어 이해함으로써 심리적 갈등을 해소할 수 있습니다.

적용은 이렇습니다.

자유연상, 꿈 분석, 전이 분석 같은 것을 사용해 숨어 있는 무의식의 내용을 발견합니다.

떠오르는 것을 자유롭게 말해보세요.

강아지, 바지, 햄버거, 창문, 선풍기….

전이가 뭔가요?

전이(transference)란 내담자가 부모 등 특별한 대상과의 관계에서 느꼈던 감정과 욕망을 무의식적으로 상담자에게 투사해 되풀이하는 것을 가리킵니다.

가령….

저한테 이래라저래라 하지 마세요.

어린 시절 권위주의적인 아버지에게 품었던 반항심을 나에게 투사하고 있어.

전이를 분석함으로써 과거에 누구와의 관계에서 어떤 욕망과 좌절이 있었는지를 발견할 수 있죠.

정신분석은 문제적 행동을 교정하는 것만을 목표로 하지 않습니다.

무의식 속에서 일어나는 일들을 이해함으로써 자신을 깊이 있게 이해하고

부적응적 성격 구조를 바꾸는 것을 궁극적 목표로 하죠.

성격을 바꾼다니….

성격을 바꾸는 게 쉽지는 않겠죠? 그래서 정신분석치료는 그 궁극적 목표를 달성하려면 수개월에서 수년에 이를 정도로 오랜 치료 기간이 필요하기도 하답니다.

목표

하지만 요즘은 비교적 짧은 기간 동안 특정한 문제 해결에 초점을 맞춘 치료도 이뤄지고 있습니다.

선생님, 저 마지막 잎사귀가 떨어지기 전까지는 제 심리치료가 끝나겠죠?

저거 그림입니다.

아하!

행동치료

행동치료는 / 행동주의 관점 / 학습심리 / 행동주의적 관점과 학습심리학의 연구 성과를 활용하는 치료 이론입니다.

행동치료가 바라보는 인간은 이렇습니다.

인간은 조건형성이나 모방을 통해 학습을 합니다. 환경의 입력에 따라 인간의 행동이 형성되고 습관이 유지됩니다.

일찍 좀 들어와! / 아, 미안.

그래서 치료 원리는 이렇습니다.

행동과 환경을 관찰해 문제를 파악합니다. 환경을 바꾸거나 문제 행동이 유발하는 결과를 바꿈으로써 문제 행동을 하지 않도록 재학습을 시킵니다.

엄마, 일찍 좀 들어와! / 나 지금 이만큼 배고파! / 어머, 날 따라 하잖아!

적용은 이렇습니다.

행동치료의 원리를 이용해 공포증을 체계적 둔감법으로 치료할 수 있습니다. / 체계적? / 둔감법? / 체계적으로 점차 강도를 높여가며 공포증 대상에 둔감해지도록 하는 방법인데요, / 세상에서 새가 제일 무서워. / 까~악 까~악

① 먼저 심호흡 등을 해서 마음을 이완시킵니다.

② 견딜 수 있는 약한 자극을 제시합니다.

③ 다시 이완시키고 아까보다 조금 더 강한 자극을 제시합니다.

④ 각 단계마다 이완을 확인하고 조금씩 자극의 강도를 높입니다.

⑤ 최종적으로는 일상에서 길을 걷다 새를 마주쳐도 공포를 느끼지 않게 됩니다.

인지치료

인지치료는 마음속의 부정적이고 비합리적인 생각이 부적응을 유발하고 악화하므로

생각을 바꾸는 훈련을 해야 한다는 치료 이론입니다.

인지치료가 바라보는 인간은 이렇습니다.

사람은 자신과 세상에 대한 도식을 갖고 있습니다. 그리고 자신이 경험하는 일들을 합리적으로 판단하기보다는 도식에 맞추어 자동적으로 판단하곤 합니다.

오직 1등

금메달만이 성공이지!

사람들이 정신적 문제를 겪는 이유는 사건 그 자체보다는 그 사건을 해석하는 방식 때문입니다.

이번엔 실패했어.

비합리적인 신념을 갖고 있으면 경험을 잘못 해석해 스트레스나 부적응적 행동이 발생합니다.

그래서 치료 원리는 이렇습니다.

내담자에게 어떤 비합리적 신념이 있는지 알아봅니다.

전 절대로 주위 사람들을 실망시켜선 안 돼요.

그렇게 된다면 저는 분명 형편없는 루저로 살게 될 거예요.

그리고 그런 신념이 비합리적이라는 것, 부정적 정서와 행동을 낳는다는 것을 깨닫게 해야 합니다.

항상 아무도 실망시키지 않는 삶이란 불가능해요.

잘하고 있는데도 생각 때문에 불행해지고 있어요. 생각을 바꿔야 해요.

그, 그런가요?

적용은 이렇습니다.

그러면 부정적 사고 도식을 긍정적 사고 도식으로 대체하도록 하면 되겠네요?

맞아요. 하지만 부정적인 사고 도식을 알아챘다고 해서 갑자기 바꾸기는 어려워요.

2등이라니 난 못난이야.

아차, 이렇게 생각하면 안 되지.

그래서 다르게 생각해보고 행동도 바꿔보는 연습을 해야 하고, 치료자 주위의 격려와 도움도 필요하답니다.

인지치료와 행동치료의 원리와 기법을 함께 사용하는 치료법을 **인지행동치료**라고 합니다. 생각과 행동을 함께 바꿔나가는 것이죠.

사고 습관   행동 습관

함께 바꾸기

인지행동치료는 사고와 행동의 습관을 바꾸는 연습방식과 기간, 횟수 등을 체계화했다는 장점이 있어요.

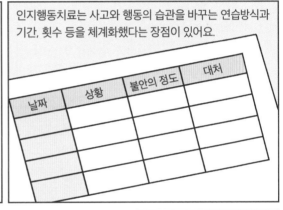

날짜	상황	불안의 정도	대처

특히 약물치료가 효과적인 심리질환의 경우에도 약물치료만 하는 것보다는 인지행동치료를 병행하는 경우에 약물을 끊은 이후까지 예후가 좋다는 연구 결과가 보고되고 있습니다.

동작 그만. 밀장 아니, 어디서 약을 파냐?

약물치료랑 인지행동치료를 같이 하는 게 좋다니까요.

진짜로요.

『이상심리학』 한번 읽어보라고요!!

글쿤….

DSM-5
이상심리학
V.Mark DURAND · Gareth BARLOW

인본주의적 치료

인본주의적 치료는 인본주의 사상에 기반을 두고 있어요.

대표적인 학자는 칼 로저스죠.

내 치료법은 인간 중심 치료라고도 해.

칼 로저스

인본주의적 치료가 바라보는 인간은 이렇습니다.

사람들에게는 긍정적 존중을 받을 가치와 욕구가 있고, 치료에서도 그게 가장 중요하다고 생각해!

그러니 어떤 기법을 사용하느냐보다 환자를 존중하는 태도가 더 중요해!

그래서 치료 원리는 이렇습니다.

인본주의적 치료에서 상담자의 역할은 해결책을 제시해주는 것이 아니라 내담자가 스스로 끌어내도록 하는 것입니다.

해결책은 당신 안에 있어요.

적용은 이렇습니다.

내담자가 자신이 이해받는다고 느끼며 내면을 잘 탐색할 수 있도록 상담자는 다음 원칙을 지켜야 합니다.

솔직한 태도로 내담자를 존중하고 이해하는 접근이구나.

① 진솔성: 상담자 스스로가 자신의 감정을 있는 그대로 인정하고 솔직하게 대화하는 것.

② 무조건적 긍정적 존중: 내담자를 하나의 인격체로서 무조건적으로 존중하고 있는 그대로의 모습으로 수용하는 것.

③ 공감적 이해: 내담자의 경험을 민감하게 느끼고 이해하는 것.

숨은 의도를 분석하기보다는 일단 있는 그대로 받아들여야 한다는 거네.

인본주의적 치료에서 강조한 인간에 대한 존중, 경청의 중요성 등은 다른 치료법에서도 많이 수용하고 있습니다.

다양한 심리치료

자, 모두들 여기까지 어려운 점은 없었나요?

심리치료 접근법들은 오늘 배운 내용이 전부인가요?

여기서는 아주 간단히 소개한 것에 지나지 않아요. 세부적으로는 더 자세히 나뉘고 다양한 기법들이 있지요.

역시 외울 게 많아.

예를 들어, 정신분석 내에도 멜라니 클라인으로 대표되는 대상 관계 이론, 하인즈 코헛으로 대표되는 자기심리학 등이 있어요.

대상 관계 이론

자기심리학

멜라니 클라인

하인즈 코헛

인지행동치료에도 앨버트 엘리스의 합리적 정서행동치료 등 여러 분류가 있습니다.

앨버트 엘리스

인본주의적 치료 범주 안에도 빅터 프랭클로 대표되는 실존주의 치료도 있고, 게슈탈트 치료도 있습니다.

빅터 프랭클

이렇게 다양한 치료법이 있지만 무엇이 최고라고 말할 수는 없습니다. 정신적 문제의 종류, 환자의 특성에 따라 적합한 치료법이 다를 수 있기 때문이죠.

치료기법은 만능 도구 같은 게 아니야.

심리치료는 계속 변화하며 발전하고 있고, 우리가 살펴본 것은 아주 기본적인 기법들과 간단한 원리들이에요.

현장의 심리치료는 더 많은 지식과 경험을 갖춘 전문가들에 의해 수행된다는 것을 잊지 마세요.

네~!

11 | 3분 정리
임상심리학과 상담심리학

요약 노트 *Summary*

임상심리학과 상담심리학

→ 임상심리학은 심리장애가 있는 사람들을 진단하고 치료하는 것을 목표로 하는 심리학의 한 분야이다.

→ 상담심리학은 정신적 문제가 있는 사람들을 상담하고 지원함으로써 더 나은 삶을 살 수 있도록 하는 것을 목표로 하는 분야이다.

→ 임상심리학과 상담심리학은 모두 심리치료로 사람들을 돕는 분야이다. 임상심리학은 의학적 진단과 치료가 필요한 수준의 정신질환을 다루고, 상담심리학은 그보다 덜 심각한 정신적 문제를 다룬다. 하지만 양자의 영역은 완전히 분리돼 있다기보다는 중첩돼 있다.

임상심리학의 역사와 모델

→ 1904년 라이트너 위트머가 임상심리학을 정립했다. 이후 세계대전을 치르며 심리치료의 수요가 높아졌지만 임상심리학은 의학만큼 기반이 확고하지 않았다. 임상심리학의 권위와 신뢰를 확고히 하고, 전문성을 갖춘 임상심리학자를 키워낼 필요성이 커지고 있었다.

→ 1949년 과학자–임상가 모델, 일명 볼더 모델이 선포되고 임상심리학자의 육성 및 활동 모델로 자리잡았다. 임상심리학자는 심리치료를 하는 임상가의 역할과 연구를 수행하는 과학자 역할 모두를 수행할 수 있어야 한다는 모델이다.

심리치료

→ 심리치료는 심리학적 방법으로 정신적 문제를 치유하는 것이며, 주로 상담 등 치료자와 환자(내담자)와의 상호작용을 통해 치료하는 방식을 가리킨다.

약물치료

→ 신경전달물질의 과소나 과다가 뇌신경학적 문제를 일으켜 정신질환으로 발현될 수 있다. 약물치료는 이러한 신경학적 문제에 대처하는 데 있어 매우 효과적이다.

→ 약물치료를 할 때는 의사의 지시에 따라 복용량과 복용 기간을 준수해야 한다.

정신분석적 치료

→ 프로이트의 정신분석학에 기반을 두며, 무의식을 강조하는 치료 이론이다.

→ 자유연상, 꿈 분석, 전이 분석 등의 기법으로 환자의 무의식적 욕구를 발견하고 이해함으로써 심리적 갈등을 해소한다.

→ 문제적 행동을 교정하는 것뿐만 아니라 무의식을 통해 자신을 깊게 이해함으로써 부적응적 성격 구조를 바꾸는 것을 목표로 한다.

행동치료	→ 행동주의적 관점과 학습심리학의 원리를 활용하는 치료 이론이다.
	→ 조건 형성이나 모방을 통해 학습하고, 환경에 따라 행동이 형성되는 것을 역이용한다. 행동과 환경을 관찰해 문제를 파악하고, 환경을 바꾸거나 문제 행동이 유발되는 결과를 바꿈으로써 문제 행동을 하지 않도록 재학습시킨다.
	→ 행동치료의 원리를 이용한 체계적 둔감법으로 특정공포증을 치료할 수 있다.
인지치료	→ 인지심리학에 기반을 둔 치료 이론으로, 정신적 문제를 겪는 이유가 사건 자체보다는 환자가 사건을 해석하는 방식에 있다고 본다.
	→ 환자가 갖고 있는 비합리적 신념을 찾고, 그 신념이 비합리적이며 부정적인 정서와 행동을 낳는다는 것을 깨닫게 해준다.
	→ 대안적으로 사고해보고 행동을 바꿔보는 연습을 해야 하며, 주변의 격려와 도움이 필요하다.
	→ 인지행동치료는 인지치료와 행동치료의 원리와 기법을 함께 사용하는 치료법이다.
인본주의적 치료	→ 인본주의 사상에 기반을 둔 치료 이론이다.
	→ 치료 과정에서의 특별한 기법보다는 환자 존중의 태도가 중요하다고 생각하며, 환자가 해결책을 스스로 이끌어내도록 돕는다.
	→ 상담자는 내담자가 스스로 내면을 탐색할 수 있도록 ①내담자를 진솔하게 대하고(진솔성), ②내담자에게 무조건적 긍정적 존중을 해야 하며(무조건적 긍정적 존중), ③내담자의 경험에 공감적 이해를 해야 한다(공감적 이해).

주요 학자 *Scholars*

라이트너 위트머 Lightner Witmer · 1867~1956

빌헬름 분트에게서 수학한 미국의 심리학자이다. 1896년 펜실베이니아 대학교에서 세계 최초의 심리 치료소를 열었으며, 1904년 미국심리학회에 임상심리학 분과를 만들고, 1907년에는 최초의 임상심리학 학술지를 출간했다. 아동 심리치료 프로그램을 개발하는 데 힘썼으며, 특수 교육 분야에도 기여했다.

멜라니 클라인 Melanie Klein · 1882~1960

오스트리아인이자 영국인인 정신분석학자이다. 현대 정신분석에서 매우 비중이 큰 대상 관계 이론을 창시했다. 또한 아동 대상 심리치료에 놀이치료를 최초로 도입한 사람이기도 하다.

하인즈 코헛 Heinz Kohut · 1913~1981

미국의 정신분석학자이다. 자기 개념과 자기애를 중심으로 하는 자기심리학을 창시했다. 대부분의 심리적 장애는 자기 구조의 결함에서 기인하는 것이며, 이는 유아기에 양육자로부터 충분한 공감과 보살핌을 받지 못한 것과 관련이 있다고 주장했다.

앨버트 엘리스 Albert Ellis · 1913~2007

미국의 심리학자이다. 인간은 객관적 사실 때문에 혼란스러워하는 것이 아니라 그 사실에 대한 자신의 관점 때문에 혼란스러워하는 것이라고 보았으며, 합리적 정서행동치료를 개발했다.

빅터 프랭클 Viktor Frankl · 1905~1997

오스트리아의 정신과의사이다. 유대인이며 홀로코스트의 생존자이고, 자신의 수용소 경험을 바탕으로 『죽음의 수용소에서』를 집필했다. 우울과 자살에 대해 연구했으며, 삶의 의미를 찾음으로써 고통을 이겨내고 스스로 상처를 치유할 수 있도록 하는 의미치료를 창시했다.

퀴즈 *Quiz*

Q1 다음 설명 중 옳은 것은?

① 임상심리학자는 중증 정신질환자만 치료한다.

② 상담심리학자는 상담만 하고 심리치료를 하지는 않는다.

③ 1896년 라이트너 위트머가 최초의 심리클리닉을 열었다.

④ 임상심리학자들은 처음부터 의사와 같은 지위를 누렸다.

Q2 볼더 모델, 즉 _____ - _____ 모델에 따르면 임상심리학자는 비단 심리학의 지식을 현장에 적용하는 사람을 넘어 현장의 데이터를 바탕으로 다시 지식을 창출할 수 있는 사람이 되어야 한다.

Q3 약물치료를 통해 _____의 과소나 과다 분비 같은 뇌신경학적 문제에 대처할 수 있다. 일부 정신질환에서는 약물치료가 가장 효율적이며 필수적이기도 하다.

04 다음 중 심리치료의 종류와 그 기법이 잘못 연결된 것은 무엇인가?

① 정신분석적 치료 – 전이 분석

② 행동치료 – 체계적 둔감법

③ 인지치료 – 부정적 사고 도식 바꾸기

④ 인본주의적 치료 – 자유연상

05 인본주의적 치료는 상담자가 내담자를 대할 때 지녀야 할 세 가지 태도를 제시한다.
진솔성, 무조건적 긍정적 존중, _____(이)가 그것이다.

동성애는 치료의 대상이 아니다

오늘날 동성애는 정신질환으로 분류되지 않으며, 따라서 치료의 대상도 아닙니다. 어떤 성별에 끌리느냐를 일컫는 성적 지향에는 이성애, 동성애, 양성애 등이 있는데, 이는 성격처럼 개인마다 다른 성향일 뿐이므로 비정상으로 간주해서는 안 됩니다.

오래전 동성애는 질병으로 규정되기도 했습니다. 독일군의 암호를 해독하여 연합군의 2차 대전 승리에도 기여했던 영국의 수학자 앨런 튜링(Alan Turing)도 영국의 형법 때문에 동성애로 처벌을 받고 좌절하여 자살했습니다. 미국정신의학협회가 펴내는 DSM에서도 3판(DSM-III)까지 동성애를 정신질환 분류에 넣었습니다. 하지만 성소수자에 대한 인본주의적 접근과 학술적 연구를 통해 1987년 3판의 개정판(DSM-III-R)에 이르러서 동성애는 정신질환 분류에서 제외되었습니다.

하지만 여전히 일부에서는 '전환치료'라는 이름으로 동성애를 치료할 수 있다는 주장을 하는 경우가 있습니다. 동성애는 치료의 대상이 아닐뿐더러 의학계에서는 이러한 치료법을 인정하고 있지 않습니다. '전환치료' 같은 시도는 성소수자에게 도움이 되기는커녕 정체성과 내면을 부정함으로써 스트레스를 가중시키고 오히려 정신적 건강을 위협할 수 있음을 인지해야 할 것입니다.

한편 트랜스젠더와 관련한 정신적 문제는 젠더 불쾌감(gender dysphoria)이라는 분류명으로 DSM-5-TR에 명시돼 있습니다. 젠더 불쾌감이란 출생시 신체기관에 의해 정해진 성별과 내면의 성 정체성이 일치하지 않아 느끼는 불쾌감이나 위화감을 가리킵니다. 주의해야 할 점은 불일치 자체는 질환이 아니며 그 불일치로 인해 느끼는 불쾌감이 질환이라는 점입니다. 따라서 성별 정정 수술 등을 통해 양자를 일치시킴으로서 젠더 불쾌감에서 벗어날 수 있습니다. 또한 사회적으로 트랜스젠더에 대한 차별과 괴롭힘을 줄여나가는 것 또한 고통을 줄이는 길일 것입니다.

12

사회심리학

사람들 사이, 거기에도 마음이 있다

사회심리학의 연구 주제

지금까지 살펴본 심리학 분야들은 한 사람의 마음속에서 일어나는 일, 한 사람이 하는 행동을 다루었다고 할 수 있습니다.

행동

생각

하지만 사회심리학에선 사회적 상황, 즉 두 사람 이상이 존재하는 사회적 관계에서 일어나는 심리현상을 탐구합니다.

○△◇☆

ABCDE

DFGHI

△□◇◎

즉, 사회심리학은 이런 것들을 연구합니다.

사회적 사고	사회적 영향	사회적 관계
• 대인 지각	• 문화	• 편견
• 믿음	• 집단에 대한 동조	• 공격성
• 태도	• 설득	• 친밀감
…	…	…

일상에서 경험하는 것들이 다 주제가 될 수 있을 것 같네요.

오, 다양하네요.

맞아요. '이런 것도 심리학에서 연구하는구나'라는 생각이 드는 일상적인 주제라면 사회심리학의 연구 대상인 경우가 많답니다.

예를 들어, 어떻게 해야 설득이 잘 되는가도 사회심리학에서 연구하죠

좋은데 너무 비싸 보이네요.

1,000,000

먼저 보신 시계가 부담되신다면 이건 어떨까요? 성능은 거의 동급이고 파격 세일 중입니다.

와~ 이것도 예쁘네요. 가격도 싸고.

비싼 걸 보여준 후 싼 걸 제시하면….

500,000

1,000,000

공격성 또한 사회심리학의 주제입니다.

공격성은 사회적으로 학습하는 것 아닐까? 관찰과 모방을 통해서 말이지.

사회학습이론을 제안한
앨버트 반두라

실험을 해보니 어른의 공격적 행동을 목격한 아동이 그 행동을 모방하는 것이 관찰되기도 했죠

아까 본 것처럼 얘를 때려야겠어.

또 사람을 어떻게 지각하는가, 즉 대인지각도 중요한 연구주제죠. 첫인상이 대인지각을 크게 좌우한다는 연구는 널리 알려져 있습니다.

처음 뵙겠습니다!

저 사람 똑똑하지만 깐깐할 것 같아.

저 사람은 왠지 소탈하지만 덜렁댈 것 같군.

대인지각에는 **후광효과**(halo effect)라는 것도 있어요.

교수님, 후광이 너무 눈부셔요!

후광효과란 어떤 특성이 강한 인상을 주면 그 특성과 무관한 다른 특성까지 비슷하게 판단하는 것을 말하죠.

아이스 아메리카노 한 잔 주세요.

이 손님 엄청 잘생겼네!

분명 성격도 얼굴처럼 좋을 거야.

드…드시고 가실 건가요?

처음에 외모에서 매우 긍정적인 인상을 받으면, 그에 따른 후광효과로 외모와 무관한 성격 특성까지 긍정적으로 판단하게 되는 거죠.

귀인 이론

그렇지만 대인지각에서 가장 중요하게 기억해야 할 개념들은 이런 개별적인 효과들이 아니에요.

가장 중요한 개념은 바로 **귀인**(attribution)이지요.

귀한 사람, 귀인(貴人)?

제게 복을 줄 귀인은 누구일까요?

이왕이면 아이돌이었음~ ♥

정신 차려! 그게 아니라 귀인(歸因)이잖아.

하하하, 네. 귀인이란 행동의 '원인[因]을 어디에 돌리느냐[歸]'를 가리키는 용어에요.

일어나는 사건과 사람들의 행동에 대해 우리들은 항상 귀인을 하고 있습니다.

사람들은 어떻게든 원인을 설명하려고 하지.

이걸 귀인이라고 해.

프리츠 하이더

복권에 당첨되다니! 저번에 꾼 꿈 때문임이 틀림없어!

인과관계가 없거나 알 수 없는 사건에서도 사람들은 나름의 인과관계를 부여하더라니까.

귀인에는 크게 내부귀인과 외부귀인이 있어.

성향귀인과 상황귀인이라고도 하지.

간단히 말해서 어떤 행동에 대한 원인을 그 사람의 성향에서 찾으면 내부귀인, 상황에서 찾으면 외부귀인이죠.

그 사람 내부의 특성 때문이라고 생각함 → 내부귀인

외부 상황 때문이라고 생각함 → 외부귀인

예를 들어,

어, 저 차 신호가 바뀌었는데 그냥 지나가잖아?

부우웅!

끼익!

저 사람은 준법정신이 떨어지는 이기적인 사람이라서 신호 위반을 한 거야!

이런 경우는 내부귀인이죠.

뭔가 피치 못할 급한 사정이라도 생겼나보다. 저렇게 급하게 가는 걸 보면.

이런 경우는 외부귀인이고요.

우리는 자신의 불행에 대해서는 외부귀인을 하는 경향이 있는데, 자기 사정은 자기가 잘 알기 때문입니다.

으~, 시험 망쳤어.

신작 게임 같이 하자고 꼬신 친구 때문이야!

신기록 달성!

그런데 또 자신이 성공한 일에 대해서는 내부귀인을 하는 경향이 있습니다. 이런 걸 '자기기여적 편향'이라고 합니다.

이번 시험은 거뜬하게 잘 치렀어.

다 내가 똑똑하고 열심히 공부했기 때문이지, 뭐~.

하지만 우리가 이런 편향들이 있다는 걸 알고 자신의 생각을 반성할 수 있다면 자신과 타인에 대해 좀 더 정확히 판단할 수 있겠죠?

심리학은 배울수록 일상과 밀접한 부분이 많아서 재미있어. 넌 어때?

…엉?

커어…

사회심리학에서는 태도라는 개념도 중요합니다.

네 수업 태도가 안 좋은 걸 지적하시려는 거잖아.

아니야. 저 열심히 듣고 있어요, 교수님!

하하. 심리학에서 말하는 태도는 일상에서 쓰는 태도와는 뜻이 좀 달라요.

태도
(attitude)

- - - - - - - - - - - -

사람이 특정 대상에 대해 품고 있는 평가와 반응을 가리키는 심리학 용어

예를 들어, 선거철에 자주 하는 설문조사는 해당 정책이나 후보에 대한 사람들의 태도를 조사하는 것입니다.

이 전화는 국회의원 선거에 출마하는 후보들에 대한 의견을 조사하는 설문조사입니다.

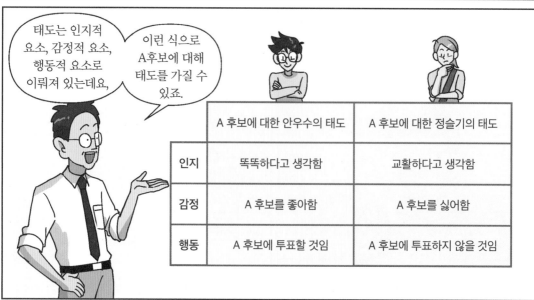

태도는 인지적 요소, 감정적 요소, 행동적 요소로 이뤄져 있는데요,

이런 식으로 A후보에 대해 태도를 가질 수 있죠.

	A 후보에 대한 안우수의 태도	A 후보에 대한 정슬기의 태도
인지	똑똑하다고 생각함	교활하다고 생각함
감정	A 후보를 좋아함	A 후보를 싫어함
행동	A 후보에 투표할 것임	A 후보에 투표하지 않을 것임

교수님, 이런 것도 태도인가요? 예를 들면…

너 먹을 걸 예로 들려고 그러지?

아, 아니… 맞아.

전 마늘치킨을 좋아하는데요

마늘치킨은 적절히 매콤해서 아주 맛있다고 생각하고 **인지**

그래서 마늘치킨을 아주 좋아하며 **감정**

치킨을 시킬 기회가 있으면 되도록 마늘치킨을 시키거든요 **행동**

이것이 마늘치킨에 대한 저의 태도라고 할 수 있을까요?

정확합니다!

와우! 기발한 발상!

그럼 태도는 어떻게 형성될까요? 마늘치킨의 경우 먹어본 경험이 중요할 것입니다.

앞에서 배운 조건형성 같은 학습의 원리로 설명할 수도 있겠죠.

경험으로 형성된 치킨에 대한 태도!

하지만 정치인이나 정책에 대한 태도는 어떨까요? 그런 식으로 설명하기는 쉽지 않을 것입니다.

가족 친구 동료 …

이런 경우에는 자신이 속한 집단, 즉 가족이나 친구나 동료들의 태도에서 영향을 많이 받을 것입니다.

태도와 관련해 널리 알려진 이론으로 **인지부조화 이론**을 소개하고 싶네요.

인지부조화 이론

오, 들어봤어요!

인지부조화 이론

인지부조화 이론은 내가 1957년에 발표한 이론이지.

사람들은 자신의 인지와 행동이 일치해 조화를 이룰 때 편안함을 느끼고, 불일치해서 부조화하면 불안함을 느끼기 때문에 인지를 변화시켜 조화 상태를 유지하려 한다는 게 핵심이지.

행동

인지

레온 페스팅거

유명한 예로, 이솝우화의 「여우와 신 포도」 얘기가 있는데요.

저 포도 맛있겠다!

인지

포도를 따 먹고 싶지만 딸 수가 없음.

행동

끄응

어차피 저 포도는 신 포도라 맛이 없을 거야!

수정된 인지

포도를 딸 수 없어서 포기하게 되는 자기 행동에 맞춰서

포도가 시고 맛이 없을 거라고 생각하게 되는 거네요.

그렇죠! 대개는 이렇게 행동에 생각을 맞추는 방향으로 부조화를 해소하게 됩니다.

다른 사례도 생각해볼까요?

아냐! 너희이 포도 맛을 알아?!

아빠! 저한텐 술이 건강에 무척 해롭다고 말씀하시고선 지금 술 드시는 거예요?

아니, 아빠는 체질이 특이해서 술을 마셔도 아무렇지도 않아. 저…정말이야~!

…

술을 마시는 행동을 바꾸기 어려우니 자신의 체질은 특이해서 괜찮다는 쪽으로 인지(생각과 정보 해석 등)를 바꾼 경우죠.

A의원의 비리가 결국 사실로 드러났습니다.

이런! 저 사람 행사에도 여러 번 가고 적극적으로 지지했었는데….

그래, 정치를 하려면 현실과 적당히 타협할 필요도 있지.

털어서 먼지 하나 안 나는 사람이 어디 있겠어.

새로운 정보에 따라 태도를 바꾸기보다는, 기존 행동을 정당화하는 방향으로 인지를 맞추는 경우입니다.

사람은 이런 식으로 기존의 행동과 조화를 이루는 방향으로 인지를 맞춰나가는 경우가 많습니다.

그게 더 쉽고 간단하니까요.

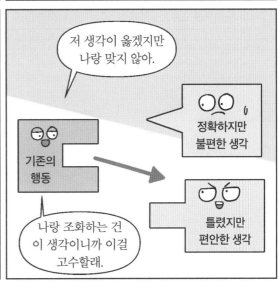

저 생각이 옳겠지만 나랑 맞지 않아.

정확하지만 불편한 생각

기존의 행동

나랑 조화하는 건 이 생각이니까 이걸 고수할래.

틀렸지만 편안한 생각

그런데 주변 사람들 의견에 휘둘려 이상한 생각을 하는 사람도 많은 것 같아.

맞아. 황당한 얘기인데도 가까운 사람에게 들었다며 그대로 믿더라고.

오~ 여러분 대화를 들어보니 동조에 대해 알아보면 좋겠네요.

동조요?

동조(conformity)는 타인의 의견이나 행동을 따르는 것을 말합니다.

동조와 복종

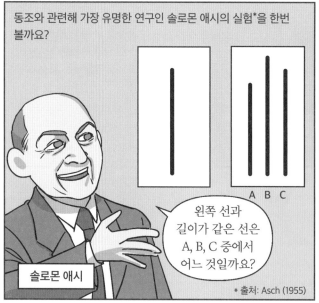

동조와 관련해 가장 유명한 연구인 솔로몬 애시의 실험*을 한번 볼까요?

왼쪽 선과 길이가 같은 선은 A, B, C 중에서 어느 것일까요?

솔로몬 애시

A B C

* 출처: Asch (1955)

실험에 참가한 분들은 차례로 답변하면 됩니다.

실제 참가자

실험 내용을 알고 있는 보조자들

B요.

B요.

B라고? 저 사람 눈이 무척 안 좋군.

응? 또?

B요.

B요.

내가 잘못 봤나?

B요.

저도… B요.

실험 참가자로 위장한 보조자들은 모두 사전에 틀린 답을 말하기로 정해놓았지요.

이런 식으로 총 12회 과제를 진행했는데, 평균 4.4회 정도 틀린 답에 동조하는 현상이 나타났습니다.

참가자들 중에 한 번도 동조를 하지 않은 사람도 있었지만, 참가자의 75%는 최소 1번 이상 동조를 했습니다.

왜 다들 C라고 말을 못해!!

B!

B요….

목에 칼이 들어와도 B!

틀린 답이라는 게 뻔히 보이는데…. 놀라운 결과네요.

그래도 앞 사람들이 너무 당당하게 똑같은 대답을 하면 혼자 다른 답을 하긴 어려울 것 같아.

사람들은 잘못된 판단이나 행동이라 하더라도 그것이 다수의 규범이나 행동이라고 여기는 경우에는,

배척을 피하고 집단에 수용되기 위해서 따르려는 경향이 있습니다.

복종(obedience) 실험은 앞의 동조 실험보다 더 극적입니다. 스탠리 밀그램의 전기충격 실험*이 아주 유명하죠.

안녕하세요. 기억력 실험 광고 보고 왔는데요….

학생 피실험자는 구했으니, 당신은 교사 역할을 하면 되겠군!

아르바이트 비용 4달러 맞죠?

스탠리 밀그램

* 출처: Milgram (1963)

2인 1조로 역할 수행을 하는 실험이었는데, 참가자로 위장한 실험 보조자는 학생 역할을 했고, 실제 실험 참가자는 무조건 교사 역할이 배정되었습니다.

인사하세요. 저 분은 학생 역할 참가자예요.

반갑습니다. 님도 광고 보고 왔나봐요.

네? 아, 네! 맞아요.

교사는 15볼트부터 450볼트까지 표시된 30개의 버튼이 있는 계기판 앞에 앉아 전기충격으로 벌을 주는 역할을 하게 됩니다. 학생 역할의 보조자가 답을 틀릴 때마다 실험자는 교사 역할의 참가자에게 전기충격을 가하라고 지시합니다.

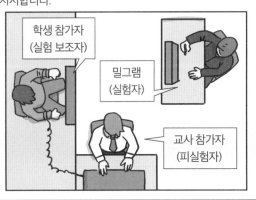

학생 참가자 (실험 보조자)

밀그램 (실험자)

교사 참가자 (피실험자)

진짜로 전기충격을 가한 건 아니고 학생 역할의 보조자가 실감나게 연기를 한 것일 뿐입니다.

하지만 교사 역할을 한 실험 참가자는 이 사실을 모르죠.

처음에는 약하게 시작하지만 점점 강한 충격을 주도록 하죠. 학생은 충격 강도에 따라 약한 신음을 내거나 크게 비명을 지릅니다.

끄아아아아!

학생이 고통스러워하는 것을 보면서도 참가자는 실험자의 지시에 따랐고,

으아악!

그중 65%는 가장 높은 전기충격 버튼까지도 눌렀죠.

이 실험은 사람이 얼마나 권위에 쉽게 복종하는지,

지시를 이행하기 위해 어떤 일까지 할 수 있는지를 보여주는 실험이었습니다.

왜 권위주의 체제에서 평범한 군인이나 경찰이 학살이나 고문을 자행할 수 있었는지에 대한 단서를 제공하는 실험이기도 하죠.

끔찍해.

하지만 모든 사람이 지시를 끝까지 이행하지는 않았다는 점을 기억해야 합니다.

실험자의 35%는 강한 지시가 있었는데도 도중에 그만두었습니다.

아닙니다. 계속 진행해주세요.

아니요! 더 이상은 안 하겠습니다.

너무 고통스러워 하는 것 같아 못하겠습니다.

후속 연구에 따르면, 교사와 학생이 가까이 있어 고통을 더 실감할 수 있거나,

전기충격을 지시하는 실험 진행자의 권위가 낮거나 멀리서 지시할 때 불복종률은 더 높아졌습니다.

사회적 행동 연구의 의의

12 | 3분 정리
사회심리학

요약 노트   *Summary*

사회심리학
→ 사회적 관계와 사회적 상황에서 일어나는 심리 현상을 다루는 심리학의 한 분야이다.
→ 인간의 본성을 탐구함과 동시에 우리 행동에 어떤 요인들이 얼마나 영향을 끼치는지 밝혀내는 것을 목적으로 한다.
→ 사회심리학은 사회적 사고(대인 지각, 믿음, 태도 등), 사회적 영향(문화, 동조, 설득 등), 사회적 관계(편견, 공격성, 친밀감 등)를 연구한다.

대인지각
→ 대인지각이란 다른 사람에 대해 형성하는 인상과 믿음을 말하며, 사회심리학의 주요 연구 주제 중 하나이다.
→ 사람은 처음 만났을 때부터 상대방에 대해 총체적으로 요약된 인상을 형성하려 하므로 첫인상은 대인지각에 큰 영향을 미친다.
→ 후광효과는 어떤 사람의 개별 특성이 두드러지게 강한 인상을 줄 때, 그 특성과 무관한 다른 특성에 대해서까지 비슷한 방향으로 판단하게 되는 것을 말한다.

귀인
→ 귀인은 '원인의 귀착'이란 뜻이며, 자신 또는 타인의 행동의 원인을 설명하는 방식을 가리킨다. 귀인 이론을 연구한 대표적인 학자는 프리츠 하이더이다.
→ 귀인은 크게 내부귀인(성향귀인)과 외부귀인(상황귀인)으로 나눌 수 있다.
   ① 내부귀인: 사건이나 행동에 대한 원인을 그 사람의 특성 때문이라고 생각하는 귀인 방식을 말한다.
   ② 외부귀인: 사건이나 행동에 대한 원인을 주변 상황 때문이라고 생각하는 귀인 방식을 말한다.
→ 자기기여적 편향: 자신에게 불리한 사건에 대해서는 상황귀인을 하고, 유리한 사건에 대해서는 성향귀인을 하는 경향을 말한다.

태도
→ 심리학에서 태도란 어떤 사람이나 사물에 대해 품고 있는 마음가짐으로서, 그 대상에 대한 호의적 또는 비호의적 평가와 연결된다.
→ 태도의 인지적 요소는 대상에 대한 지식이나 신념이고, 감정적 요소는 대상에 대한 느낌이며, 행동적 요소는 대상에 대한 행동 성향이다.
→ 특정 대상에 대한 태도는 직접 경험에 의해 형성되기도 하고, 소속 집단의 의견에 영향을 받아 형성되기도 한다.

인지부조화 이론	→	레온 페스팅거가 발표한 이론으로 사람은 인지와 행동이 부조화하는 경우 불안을 느끼므로 인지부조화를 감소시키는 방향으로 생각을 수정한다는 이론이다.
	→	사람은 내적 일관성을 추구하려 하고, 행동 및 내면의 신념, 평가들이 서로 충돌하는 경우 불안을 느낀다. 기존의 습관 및 신념과 충돌하는 새로운 정보를 습득했을 때 이런 불안이 일어날 수 있다. 그런데 행동이나 습관을 바꾸기는 어렵기 때문에 대개 기존의 자기 행동을 정당화하는 방향으로 사고를 맞추게 된다.
동조	→	동조란 다른 사람들의 행동에 영향을 받아 그들을 따라 하는 방향으로 행동이나 신념에 변화가 생기는 것을 말한다.
	→	솔로몬 애시는 아주 쉽고 정답이 분명한 과제에서도 동조가 일어날 수 있음을 실험으로 보여주었다. 잘못된 판단이나 행동이라 하더라도 그것이 다수의 규범이나 행동인 경우에는 배척을 피하고 집단에 수용되기 위해 따르기도 하는 것이다.
복종	→	복종이란 권위를 지닌 이로부터의 명시적인 지시나 명령에 순종해 따르는 행위를 말한다. 기준이 다수가 아니라 권위자라는 점에서 동조와 구분된다.
	→	스탠리 밀그램의 복종 실험은 사람이 권위에 얼마나 쉽게 복종하는지와, 권위자의 지시를 이행하기 위해 타인을 괴롭힐 수도 있음을 보여주었다.
	→	후속 연구에서는 피해자와 공감할 수 있는 환경, 실험 진행자가 지닌 권위의 크기, 명령자와의 물리적 거리 등 다양한 요인에 의해 불복종률이 높아질 수 있음이 밝혀졌다.

프리츠 하이더 Fritz Heider · 1896~1988

오스트리아의 심리학자이다. 독일과 미국에서도 교수로 재직하며 폭넓은 활동을 했고, 사회적 지각 연구를 통해 사회심리학의 발전에 기여했다. 사람들이 사건이나 행동의 원인을 어디서 찾고 어떻게 설명하려 하는지에 대한 귀인 이론으로 유명하다.

레온 페스팅거 Leon Festinger · 1919~1989

미국의 사회심리학자이다. 1957년 개인이 지닌 신념, 생각, 태도, 행동 간의 부조화가 유발하는 불편감 및 그를 해소하기 위한 시도를 설명하는 인지부조화 이론을 발표했다. 사회심리학 영역에 실험심리학 방법을 도입했으며 사회심리학의 대부로 불린다.

솔로몬 애시 Solomon Eliot Asch · 1907~1996

폴란드계 미국인이며, 게슈탈트 심리학 및 사회심리학을 연구했다. 의견 표명과 관련한 집단 압력의 영향을 입증한 동조 실험으로 가장 잘 알려져 있다. "전체는 부분의 합보다 클 뿐만 아니라 전체의 본질이 부분을 근본적으로 변화시킨다"는 게슈탈트 심리학의 아이디어로 집단 내 동조를 설명했다.

스탠리 밀그램 Stanley Milgram · 1933~1984

미국의 사회심리학자이다. 1963년 수행한 복종 실험으로 심리학계에 큰 파문을 불러일으켰다. 하지만 이 실험의 비윤리성이 논란이 되어 하버드 대학교에서 교수 승진이 좌절되기도 했다. 세상의 모든 사람들은 여섯 단계만 거치면 모두 연결된다는 '6단계 분리 법칙'을 제시하기도 했다.

퀴즈   *Quiz*

Q1 대인지각에서 _____효과란 어떤 특성이 강한 인상을 주게 되면 그와 무관한 다른 특성까지도 비슷하게 판단하게 되는 현상을 말한다.

Q2 다음 중 귀인에 대한 설명으로 틀린 것은?

① '귀인(歸因)'이란 원인[因]을 어디로 돌리느냐[歸]를 가리킨다.

② 내부귀인은 상황귀인이라 말하기도 한다.

③ 시험 점수가 나쁘게 나왔을 때 주위 환경 때문이라고 하는 것은 외부귀인에 해당한다.

④ 심리학자 프리츠 하이더가 연구한 주제이다.

Q3 어떤 대상에 대해 품고 있는 마음의 지향을 '태도'라고 하며, _____적, _____적, _____적 요소로 이뤄져 있다.

Q4 사람들은 자신의 행동이 인지와 불일치할 때 불안감을 느끼므로 행동에 인지를 맞추어 조화로운 심리 상태를 유지하려 한다는 이론은 무엇인가?

---

05 다음 중 동조 및 복종 실험 관련 내용으로 맞는 것은?

① 선분 길이를 판단하도록 하는 솔로몬 애시의 실험에서 모든 참가자는 1회 이상 동조를 했다.

② 스탠리 밀그램의 복종 실험에서 교사와 학생 역할은 무작위로 배정되었다.

③ 밀그램의 복종 실험에서 참가자가 가장 높은 전기충격 버튼까지 누른 참가자는 절반 이하이다.

④ 사람은 잘못된 판단이나 행동이라 해도 다수의 규범이나 권위자의 명령인 경우에는 그것에 따르는 경향이 있다.

방관자 효과

사회적 상황에 영향을 받는 행동으로 방관자 효과라는 것이 있습니다. 곤경에 처한 사람이 도움을 요청하는 상황에서 주위에 사람이 많을수록 도움의 손길을 내밀지 않는 현상을 뜻하는 용어입니다. 구경꾼 효과라고 하기도 합니다.

심리학자들은 정말로 사람이 많을 때 덜 돕는지를 실험으로 알아보았습니다 (Darley & Latané, 1968). 어떤 사람이 도움이 필요한 상황이 되었을 때 같은 공간에 있는 사람이 적은 경우 대부분의 사람들은 선뜻 나서서 도와주었습니다. 하지만 그 공간에 많은 사람이 있는 경우에는 아무도 나서지 않는 경우가 많았습니다. 도와줄 책임이 여러 사람에게 분산된다고 여기기 때문입니다. 또한 다른 사람들이 나서지 않는 것으로 보아 상황이 심각하지 않은 걸지도 모른다고 판단하게 되는 것도 영향을 줍니다. 따라서 위급한 상황에서 책임 분산과 방관자 효과를 방지하기 위해서는 막연하게 집단을 향해 도움을 요청하기보다는 누군가를 명확히 지목해서 도움을 요청하는 것이 좋다고 합니다.과거 방관자 효과를 대표하는 실제 사례로 키티 제노비스 살인사건(Murder of Kitty Genovese)이 많이 언급되곤 했습니다. 1964년 미국 뉴욕에서 키티 제노비스란 여성이 강도에게 살해당하는 사건이 있었습니다. 그녀는 큰 소리로 구조를 요청했고 38명의 목격자가 있었음에도 불구하고 아무도 그녀를 돕거나 신고를 하지 않았다고 합니다. 이는 『뉴욕 타임스』 기사로 실려 큰 충격을 주었습니다.

하지만 이후 밝혀진 바에 따르면 당시 사건을 목격한 사람은 38명이 아니라 10명 정도였고, 그들 모두 범행이 일어나는 상황 전체를 분명하게 목격하지는 못했다고 합니다. 게다가 그중 2명은 사건 직후 경찰에 신고를 했으며, 한 노인은 밖으로 나와 희생자 곁을 지키며 경찰을 기다리기까지 했습니다. 그러니 38명이나 되는 이웃이 모두 방관했다는 것은 잘못된 기사였던 것이죠. 그래서 2016년에 『뉴욕 타임스』는 52년 전의 기사가 오보였음을 밝히며 사과를 했습니다.

과거 제노비스 사건은 방관자 효과가 강력히 존재한다고 시사하는 것 같았습니다. 하지만 이후 밝혀진 진실은 그런 영향에도 불구하고 사람은 나서서 타인을 도울 수 있다는 것을 말해주고 있습니다.

종강

PSYCHOLOGY

심리학의 진로

심리학의 다양성 그리고 심리학자가 하는 일

- 심리학의 다양한 분야
- 심리학자와 일의 세계

심리학의 다양한 분야

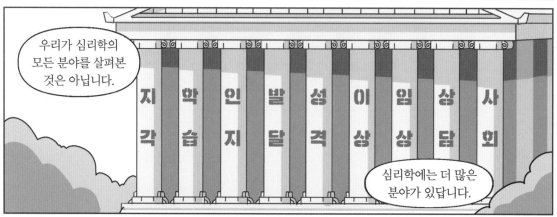

무엇을 하는 분야들인지 간단히 알아볼까요?

법, 산업, 건강, 소비자…

우리 삶과 밀접한 연관이 있는 분야들이네요.

범죄/법심리학 진술의 진위, 목격자 증언의 신빙성, 피해자의 심리, 범죄자의 특성과 환경 요인, 범죄 예방, 범죄자의 교정 등 법 집행과 관련된 내용을 심리학적으로 연구하는 분야

정말 지구가 미워서 그랬던 게 아니었어요.

네에….

산업/조직심리학 산업 현장에서의 개인 행동 및 효율성, 기업의 채용, 선발, 보상, 평가, 훈련, 동기, 리더십, 의사소통, 조직 문화 등을 심리학적으로 연구하는 분야

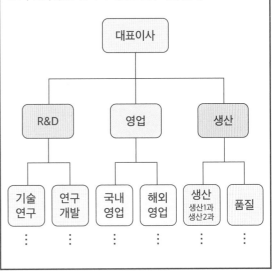

건강심리학 건강과 관련한 신체적 요인과 심리적 요인의 통합적 이해를 추구하며, 정신적, 육체적으로 건강한 생활을 하는 데 필요한 지식을 연구하는 분야

스트레스는 질병과 밀접한 연관이 있습니다.

일상에서 스트레스를 관리하는 법을 알려드릴게요.

소비자/광고심리학 소비활동에 영향을 주는 요인, 제품을 구매하고 사용할 때의 심리적 과정과 행동을 연구하는 분야

심리학자와 일의 세계

학교심리학 학교에서 이뤄지는 교육을 심리학적으로 평가하고, 학생·교사·학부모 등 학교 구성원들을 위한 심리 서비스를 계획하고 연구하는 분야

긍정심리학 인간의 긍정적 특성을 탐구하고, 행복하고 충만한 삶을 영위하기 위한 심리적 기술을 연구하는 분야

그래, 긍정심리학에 따르면 행복한 사람은 소유보다 경험을 중시한다고 했어.

공학심리학 인지공학, 인간 요인 공학이라고도 불리며, 사람과 기계가 더 나은 의사소통을 할 수 있도록 심리학적 지식을 바탕으로 시스템을 디자인하는 분야

이 키오스크를 어떻게 바꾸어야 사람들이 더 편리하게 사용할 수 있을까?

분야가 참 다양하죠?

심리학은 이처럼 사회 여러 분야에 요긴하게 활용되고 있습니다.

이렇게 다양한 영역에서 쓰이지만

솔직히 학부만 졸업하고 전공을 살리기는 쉽지 않답니다.

다른 인문사회과학 분야랑 비슷하네요.

대학원을 나와도 다시 또 대학교에 취업해야 하는 경우가 많고….

하지만 심리학 전공자는 학교 이외의 기관으로도 많이 진출하는 편입니다.

심리학과 대학원에는 임상이나 상담을 전공하는 학생이 가장 많은데요. 임상심리 전공자는 병원에서 정신질환자를 대상으로 심리검사를 하고 치료에도 참여하며 수련을 하게 됩니다.

그리고 일정한 자격을 취득하면 병원에서 근무할 수 있고, 기관 근무 또는 개업을 통해 심리평가와 심리치료의 전문가로 일합니다.

상담심리 전공자 역시 사람들을 상담하고 치유하는 수련을 한 후 교육기관이나 상담센터에서 일하게 됩니다. 우울, 불안 같은 문제부터 가정불화, 학교적응 문제까지 여러 문제를 다루죠.

요즘에는 대기업에서 직원들의 정신건강을 위해 임상 또는 상담심리 전문가를 고용하기도 한답니다.

직접 상담소를 차릴 수도 있습니다. 심리치료가 발달한 미국에는 독립적으로 활동하는 개업 심리학자들이 많고, 우리나라에서도 점점 늘어나고 있습니다.

한편, 인지, 지각, 사회, 성격, 발달, 신경 같은 이론 분야를 공부한 심리학자는 대개 대학교나 연구소에서 일하게 됩니다. 그리고 기업에서 일하는 경우도 있죠.

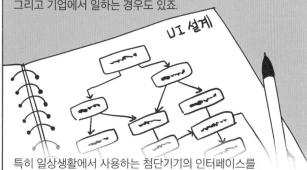

UI 설계

특히 일상생활에서 사용하는 첨단기기의 인터페이스를 설계하는 일에는 심리학적 지식이 필수적입니다. 사람들이 더 편리하고 직관적으로 사용할 수 있게 제품의 인터페이스를 설계해야 할 테니까요.

스마트폰 디자인 같은 데에도 활용되겠네요.

그렇죠. 그뿐만 아니라 항공기 계기판 디자인에도 심리학 지식이 활용되죠.

항공기도요?

항공기의 계기판과 조작 버튼을 어떻게 배치하느냐에 따라서 사람이 더 쉽게 비행 정보를 파악하고 위급 상황에서 빠르고 정확하게 반응할 수 있으니까요. 사고 예방을 위해서도 중요하답니다.

Mayday— Mayday— Mayday—

비상 탈출 레버가 왜 저기 달려 있는 거야?

와~, 이렇게 많은 분야에서 심리학자들이 활약을 하는 줄은 몰랐어요.

우리 삶 곳곳에서 활용되고 있네요, 심리학.

네, 사람과 관련된 분야라면 어디든 활용이 가능합니다.

특히 AI가 발전할수록 사람만이 할 수 있는 일, 인간의 사고 메커니즘에 대한 연구는 더욱 주목받을 거예요.

또한 복잡해진 사회에서 정신적 스트레스를 호소하는 사람들이 많아졌고, 정신질환 치료에 대한 터부도 점차 극복되고 있으니, 정신건강 분야의 수요도 계속 높아질 것입니다.

심리학이 알려주는 지식, 심리학이 할 수 있는 일은 많습니다.

여태까지 우리가 배운 건 그중 아주 작은 부분에 지나지 않아요.

개론 중에서도 기초죠.

그 기초를 튼튼히 쌓은 것 같아요.

이 책에서 배운 걸 바탕으로 더 열심히 해볼래요.

제 강의가 도움이 됐다니 저도 기쁘네요.

이젠 스스로 심리학의 세계를 더 깊이 탐구해나갈 준비가 됐나요?

끼이이

참고문헌

- American Psychiatric Association (2022). *Diagnostic and Statistical Manual of Mental Disorders* (5th ed., text rev.). [한국어판: DSM-5-TR 정신질환의 진단 및 통계 편람(제5판 수정판), ㈜학지사, 2023.]

- Asch, S. E. (1955). Opinions and social pressure. *Scientific American, 193*(5), 31-35.

- Atkinson, R.C., & Shiffrin, R.M. (1968). "Human memory: A proposed system and its control processes". In Spence, K.W. & Spence, J.T. (eds.). *The Psychology of Learning and Motivation* (Vol. 2, pp. 89-195). New York: Academic Press.

- Darley, J. M., & Latané, B. (1968). Bystander intervention in emergencies: diffusion of responsibility. *Journal of Personality and Social Psychology, 8*(4, Pt.1), 377-383.

- De Renzi, E., Liotti, M., & Nichelli, P. (1987). Semantic amnesia with preservation of autobiographic memory. A case report. *Cortex, 23*(4), 575-597.

- Hubel, D. H., & Wiesel, T. N. (1968). Receptive fields and functional architecture of monkey striate cortex. *The Journal of Physiology, 195*(1), 215-243.

- Milgram, S. (1963). Behavioral study of obedience. *The Journal of Abnormal and Social Psychology, 67*(4), 371.

- Rosenbaum, R. S., Köhler, S., Schacter, D. L., Moscovitch, M., Westmacott, R., Black, S. E., Gao, F., & Tulving, E. (2005). The case of KC: contributions of a memory-impaired person to memory theory. *Neuropsychologia, 43*(7), 989-1021.

- Simons, D. J., & Levin, D. T. (1998). Failure to detect changes to people during a real-world interaction. *Psychonomic Bulletin & Review, 5*(4), 644-649.

- Tian, T. S. (2010). Functional data analysis in brain imaging studies. *Frontiers in Psychology, 1*, 35.

01강

Q1 빌헬름 분트

Q2 내성법

Q3 구성주의

Q4 ③

02강

Q1 마음을 과학적으로 연구한다는 공통점이 있기 때문에

Q2 경험적 증거

Q3 조작적 정의

Q4 ②

03강

Q1 ④

Q2 두정엽, 후두엽, 대뇌피질

Q3 ④

04강

Q1 연속성

Q2 추상체(원뿔세포)

Q3 수용장

Q4 맹점

05강

Q1 ①

Q2 자발적 회복

Q3 ③

Q4 고정간격, 변동비율

Q5 ②

06강

Q1 정보 처리

Q2 ③

Q3 ①

Q4 변화맹

Q5 ②

Q6 가용성

07강

Q1 동화, 조절

Q2 ④

Q3 애착 형성, 상호관계 형성

Q4 ③

08강

Q1 ④

Q2 ①

Q3 인간 중심

Q4 ②

09강

Q1 반분신뢰도법

Q2 100, 15

Q3 ①

10강

Q1 ICD, DSM

Q2 양극성 장애

Q3 ②

Q4 ④

11강

Q1 ③

Q2 과학자, 임상가

Q3 신경전달물질

Q4 ④

Q5 공감적 이해

12강

Q1 후광

Q2 ②

Q3 인지, 감정, 행동

Q4 인지부조화 이론

Q5 ④

5요인 이론(big five theory) 인간의 성격을 5가지 특질의 조합으로 설명하는 이론이다. 그 특질은 외향성, 신경성, 우호성, 개방성, 성실성이다.

16PF(16 Personality Factor Questionaire) 카텔의 성격 연구를 바탕으로 하여 16가지 성격 특질을 측정하는 검사이다.

BDI(Beck Depression Inventory) 아론 벡이 개발한 우울증 진단검사이다. 21문항으로 이뤄진 간단한 검사이지만 신뢰도와 타당도가 높다.

CT(computed tomography) 컴퓨터 단층촬영을 말하며 여러 방향에서 X-선 촬영을 한 후 컴퓨터로 재구성하여 신체 내부 구조를 보여주는 기법이다.

DSM(Diagnostic and Statistical Manual of Mental Disorders) 미국정신의학협회(American Psychiatric Association)에서 내는 『정신장애의 진단 및 통계 편람』을 말한다. 1952년에 처음 만들어진 후 여러 차례 개정되었으며, 현재는 2013년에 나온 DSM-5가 쓰이고 있다.

EEG(electroencephalogram) 두피 곳곳에 전극을 부착하여 신경세포의 활동이 유발하는 규칙적인 전기파를 측정하는 기법이다. 뇌전도라고도 한다.

FFA(fusiform face area) 인간의 시각 체계에서 얼굴 인식에 특화돼 있다고 알려진 영역으로 내측두엽의 방추회에 위치한다.

fMRI(functional magnetic resonance imaging) ☞ 기능적 MRI

H-T-P 검사(House-Tree-Person Test) 집, 나무, 사람을 그려보도록 하고 그림을 통해 심리 상태와 성향을 파악하는 투사 검사이다.

ICD(International Classification of Diseases) 세계보건기구(WHO)에서 발표하는 질병, 상해 및 사망 원인에 대한 국제통계분류이다. 최신판은 2018년에 발표된 ICD-11이다.

MEG(magnetoencephalography) 신경세포 사이 전류의 흐름이 유도한 자기장을 측정하는 뇌영상기법으로 뇌자도라고도 한다.

MMPI(Minnesota Multiphasic Personality Inventory) 미네소타 대학교의 스타크 해서웨이와 존 맥킨리가 1943년에 만든 검사로 미네소타 다면적 인성검사라고 불린다. 1989년에 MMPI-2가 나왔으며, 청소년판인 MMPI-A가 1992년에, 재구성판인 MMPI-2-RF가 2008년에 나왔다.

MRI(magnetic resonance imaging) ☞ 자기공명영상

PET(positron emission tomography) 반감기가 매우 짧은 방사능물질을 섞은 포도당을 체내에 주입하여 뇌의 활동에 따라 소비되는 포도당에서 방출하는 방사선을 탐지하는 뇌영상기법이다.

ㄱ

가용성 어림법(availability heuristic) 휴리스틱의 일종으로 쉽고 빠르게 이용할 수 있는 정보를 바탕으로 사건의 확률을 추정하는 방식을 말한다.

간상체(rod) 척추동물의 망막에 있는 빛 수용세포이며, 막대세포라고도 한다. 추상체보다 빛에 더 민감하게 반응하므로 어두운 곳에서의 시각을 담당한다.

감각운동기(sensorimotor stage) 장 피아제가 제안한 인지발달 단계 중 첫 번째 단계로, 유아가 주로 감각과 운동을 통해 세상을 탐색하는 단계이다.

감각등록기(sensory register) 정보 처리 모형에서 상정하는 기억저장소의 하나로, 감각기관을 통해 들어온 외부 정보가 최초로 저장되는 곳을 가리킨다. 저장 용량은 크지만 저장 기간은 극도로 짧아서, 주의를 받지 않은 정보는 순식간에 휘발되어 사라진다.

감마 아미노뷰티르산(γ-aminobutyric acid) 억제성 신경전달물질의 일종이며 가바(GABA)라고도 부른다. 과하면 뇌 활동을 저하시키고, 부족하면 발작, 경련, 불면증 등을 일으킬 수 있다.

강박성 성격장애(obsessive compulsive personality disorder) 질서와 규칙에 집착하며 매사에 완벽을 추구하고, 대인관계 및 환경에 대한 통제 성향이 강해 융통성과 효율성이 떨어지는 성격장애이다.

강화(reinforcement) 조작적 조건 형성에서 보상을 유발하는 행동의 빈도 및 강도의 증가를 지칭한다.

강화물(reinforcer) 행동의 빈도 및 강도를 증가시키는 자극을 말한다.

검사-재검사법(test-retest method) 반복해서 동일한 검사를 시행한 후 결과를 비교하는 방식으로 신뢰도를 측정하는 방법이다.

게슈탈트 심리학(Gestalt psychology) 정보를 의미 있는 전체로 통합하여 인식하는 인간의 심리적 경향성을 강조하는 심리학 사조이다.

게슈탈트 치료(Gestalt therapy) 현재 경험과 정서 및 행동에 대한 즉각적 자각에 초점을 둔 치료법이다. 과거의 경험이나 기억보다 현재 환자가 자각하는 것을 토대로 환자의 잠재력을 끌어올리는 것을 목표로 한다.

경계선 성격장애(borderline personality disorder) 정서, 행동, 대인관계가 매우 불안정하고 변동이 심하며, 감정 기복이 두드러지는 성격장애이다. 과도한 친밀감을 나타내며 접근했다가 극단적으로 냉담해지기도 하며, 거절에 민감하고 정서적 공감이 부족하다.

경험적 증거(empirical evidence) 관찰, 실험 등 감각을 통해 얻은 정보를 가리킨다. 현대 과학은 추상적 사고의 내적 정합성만으로 충분한 증거가 될 수 있다고 여기지 않으며 경험적 증거를 요구한다.

고전적 조건 형성(classical conditioning) 어떤 자극이 다른 자극과 연합되어 특정한 반응을 유발하게 되는 유형의 학습을 말한다. 파블로프식 조건 형성이라고도 한다.

고착(fixation) 정신분석학의 개념으로 특정한 심리성적 발달 단계에서 갈등이 해소되지 않거나 욕구가 과하게 충족되었을 경우, 그 단계에 쾌락 추구 에너지가 머물러 있는 상태를 말한다.

공고화(consolidation) 단기 기억 내의 정보가 장기 기억에 저장되기 위해 거치는 심화처리를 가리킨다.

공황발작(panic attack) 공황장애 환자가 죽음에 이를 것 같은 공포를 느끼는 증상을 말한다. 갑작스럽게 강한 불안이 밀려오면서, 심장이 요동치거나 호흡이 가빠지는 신체 증상도 동반된다.

공황장애(panic disorder) 공황발작이 반복적으로 발생하는 불안장애이다.

과잉행동(hyperactivity) 주의력결핍과잉행동장애(ADHD)의 한 증상으로, 주어진 상황과 맞지 않게 계속해서 몸을 움직이거나 수다스럽게 떠드는 등의 행동을 하는 것을 말한다.

과학자-임상가 모델(scientist-practitioner model) 임상심리학자는 과학자로서의 역할과 임상가로서의 역할을 모두 수행해야 한다는 모델로서 1949년 미국 콜로라도주 볼더에서 열린 회의에서 주창되어 '볼더 모델'이라고도 한다.

구강기(oral stage) 지그문트 프로이트가 주장한 심리성적 발달 단계의 첫 번째 단계이다. 쾌락이 입에 집중되며, 빨기, 깨물기, 씹기 등으로 쾌감을 느끼며 욕구를 충족하는 시기이다. 이 시기에 과잉 충족으로 고착이 일어나면 성인이 되어 의존적 성격이 될 수 있고, 충족되지 않을 경우엔 과식, 과음, 약물 남용 등으로 나타난다.

구성주의(structuralism) 빌헬름 분트와 에드워드 티치너로 대표되는 초기 심리학 사조이다. 의식의 구성요소를 분석함으로써 정신의 원리를 파악할 수 있다고 가정하며, 내성법을 주된 연구방법으로 사용한다.

구체적 조작기(concrete operational stage) 장 피아제가 생각한 인지발달 단계 중 세 번째 단계이다. 구체적 대상을 심리적으로 조작할 수 있고, 대상의 특정한 성질이 변해도 다른 성질은 변하지 않을 수 있다는 것을 이해한다.

귀인(attribution) 원인의 귀착을 뜻한다. 사람이 특정한 행동을 한 원인을 어떻게 설명하느냐를 가리킨다.

근접성의 원리(law of proximity) 게슈탈트 심리학에서 제시한 지각의 원리들 중 하나이며, 근접해 있는 대상들끼리 묶어서 지각하는 것을 가리킨다.

기능주의(functionalism) 인간의 심리와 행동을 환경에 적응하기 위한 기능의 관점에서 설명하고 연구하는 심리학의 사조이다. 다윈의 진화론으로부터 영향을 받았으며, 대표적인 학자는 윌리엄 제임스와 에드워드 손다이크이다.

기능적 MRI(functional MRI) MRI 기계의 자기장을 이용해 혈류에 따라 변화하는 산화된 헤모글로빈과 비산화된 헤모글로빈의 농도차를 측정하고, 이를 바탕으로 뇌의 기능적 활동을 영상화하는 기법을 말한다.

기분(mood) 전반적이고 지속적인 감정 상태를 가리킨다.

기분장애(mood disorder) 기분 상태의 이상을 특징으로 하는 정신장애이다.

기술 통계(descriptive statistics) 수집한 자료를 정리·요약하고, 해석·표현함으로써 자료의 특성을 규명하는 통계를 말한다.

기억(memory) 정보를 저장하고 다시 꺼내어 보는 정신적 활동 또는 그 저장소를 지칭한다.

기억상실증(amnesia) 뇌 손상 또는 질병에 의해 기억을 저장하지 못하거나 인출하지 못하게 되는 증상을 말한다.

꿈 분석(dream analysis) 정신분석적 치료의 기법 중 하나이다. 지그문트 프로이트는 꿈 해석을 통해 환자의 심층심리를 파악할 수 있다고 보았다.

ㄴ

남근기(phallic stage) 지그문트 프로이트가 주장한 심리성적 발달 단계의 세 번째 단계이다. 쾌락이 성기에 집중되며, 초자아가 발달하면서 스스로 자신의 사고와 행동을 살피고 감시한다.

내부귀인(internal attribution) 어떤 행동의 원인을 그 사람 내부의 성향으로 설명하는 것을 말한다. = 성향귀인

내성법(introspection) 심리학 초창기에 쓰인 연구방법으로서 자신의 심리적 상태를 스스로 관찰하고 측정하는 방법이다.

내용 타당도(content validity) 검사의 내용이 측정하고자 하는 바를 반영하고 있는지로 측정하는 타당도이며, 해당 분야의 전문가가 평가한다.

내측두엽(medial temporal lobe) 대뇌의 측두엽 안쪽 영역을 말하며, 편도체, 뇌간, 해마체와 해마 주변을 포함한다. 기억에 필수적인 역할을 하는 부위이다.

노르에피네프린(norepinephrine) 인체 내에서 호르몬 및 신경전달물질로 작용하는 물질로 교감신경계를 활성화하는 역할을 한다.

뇌영상기법(brain imaging) 물리적, 화학적 기술을 활용하여 두뇌의 구조와 기능을 영상화하는 기술을 말하며, EEG, PET, fMRI 등이 있다.

뇌전증(epilepsy) 뇌 신경세포의 일시적 이상으로 과도한 신경 흥분 상태가 유발돼 발작이 일어나는 뇌 질환이며, 간질이라고도 한다.

뉴런(neuron) 신경세포를 말하며, 중추신경계와 말초신경계를 구성하는 가장 핵심적인 세포이다.

ㄷ

대뇌피질(cerebral cortex) 대뇌의 표면층으로 신경세포가 모여 있어서 회색을 띤다. 신체를 통제하고, 정보 처리 전반을 담당하는 사고의 중추이다.

대상 관계 이론(object relations theory) 정신분석학의 주요 이론 중 하나이며, 멜라니 클라인, 하인즈 코헛 등이 발전시켰다. 남근기 이전의 유아가 부모와의 관계에서 겪은 경험과 갈등에 초점을 맞추어 성인기 대인관계를 설명한다.

대상 영속성(object permanence) 존재하는 물체가 장애물에 가려지는 등의 이유로 지각되지 않게 되더라도 계속해서 존재한다고 인식할 수 있는 능력을 말한다.

대인 지각(person perception) 타인을 인식하고 판단하는 것을 말하며, 사회심리학의 연구 주제이다.

대표성 어림법(representativeness heuristic) 사람이나 사물에 대해 전형적인 경우와의 유사성에 기반해 판단하는 휴리스틱이다.

도식(schema) 장 피아제의 인지발달 이론에서 정보를 조직화하고 이해하는 개념틀을 말한다.

도파민(dopamine) 신경전달물질의 하나이며, 운동, 학습, 주의, 정서 등에 관여한다. 에피네프린과 노르에피네프린을 합성할 때의 중간물질이기도 하다.

동조(conformity) 개인이 행동 혹은 생각을 집단의 기준과 조화되도록 조정하는 것을 말한다.

동화(assimilation) 장 피아제의 인지발달 이론에서 기존의 도식에 맞춰 새로운 정보를 이해하는 것을 가리킨다.

ㄹ

로르샤흐 검사(Rorschach test) 스위스의 정신과 의사 헤르만 로르샤흐가 1921년에 개발한 성격검사로 정식 명칭은 로르샤흐 잉크 반점 검사이다. 좌우대칭의 잉크 반점에 대해 피검자가 자유롭게 연상하도록 하고, 그 반응을 분석하여 내면 심리를 파악하는 투사 검사이다.

리비도(libido) 정신분석학 용어로 개인의 정신적 에너지, 특히 성적 에너지인 성욕 또는 성충동을 지칭한다.

마음 이론(theory of mind) 개개인이 갖는, 타인의 정신 상태에 대한 추론을 통해 확립된 나름의 이론을 말한다. 이를 통해 타인에게 자신과는 다른 정신 상태, 즉 별개의 신념, 의도, 욕구, 감정, 지식 등이 있다는 것을 추론할 수 있다.

망각(forgetting) 단기 기억 또는 장기 기억에 저장된 정보가 사라지는 것을 가리킨다.

맹점(blind spot) 안구에서 시신경이 모여 밖으로 빠져나가는 지점을 가리키며, 감각수용기가 없기 때문에 보이지 않는 점, 즉 맹점이라고 한다.

명시적 기억(explicit memory) 장기 기억의 하나로 의식적으로 회상할 수 있는 특성을 지닌 기억을 말한다. 외현 기억 또는 서술 기억이라고도 한다.

무조건 반응(unconditioned response) 고전적 조건 형성에서 무조건 자극에 의해 유도되는, 학습되지 않은 자연적인 반응을 가리킨다.

무조건 자극(unconditioned stimulus) 고전적 조건 형성에서 무조건적으로 반응을 유발하는 자극을 말한다.

문장 완성 검사(sentence completion test) 미완성 문장을 제시하고 어떻게 완성하는지에 따라 피검자의 심리를 파악하는 투사 검사이다.

반분신뢰도법(split-half reliability method) 검사 문항을 반으로 나눠서 각 점수를 비교함으로써 측정하는 신뢰도 측정법이다.

반사회성 성격장애(antisocial personality disorder) 도덕, 사회 규범, 타인의 권리와 감정을 지속적으로 무시하고, 충동적이며 양심의 가책을 느끼지 못하는 성격장애이다.

방사성동위원소(radioactive isotopes) 방사선을 방출하면서 붕괴하는 동위원소를 말한다. 짧은 반감기를 가진 C-11, N-13, O-15, F-18 등이 양전자방출단층촬영(PET)에 사용된다.

범불안장애(generalized anxiety disorder) 원인을 알 수 없는 불특정한 불안이 통제 불능 상태로 지속되는 불안장애이다. 긴장 수준이 높고 안절부절못하며 발생하지 않은 사건에 대한 걱정이 많아 집중을 잘 하지 못하고, 불면, 우울증, 고혈압 등의 질병이 동반되기도 한다.

베르니케 영역(Wernicke's area) 카를 베르니케가 발견한 언어의 의미 이해를 담당하는 두뇌 영역이며, 좌측 측두엽에 위치한다.

보존 개념(conservation) 사물의 겉보기 모양이 달라지더라도 질량, 부피, 개수 같은 속성은 그대로 보존된다는 개념을 말한다. 전조작기의 아동은 아직 보존 개념이 없고, 구체적 조작기에 이르러 획득하게 된다.

복종(obedience) 상급자 또는 권위자의 명령에 따르는 행위를 가리키며, 사회심리학의 연구 주제이다.

부분 강화(partial reinforcement) 조작적 조건 형성에서 강화물을 유도하는 반응에 대해 때때로 강화물을 제공하여 강화하는 것을 말한다.

분리불안(separation anxiety) 영아가 주 양육자와 떨어지게 되면 느끼는 극심한 불안 증세로, 흥분과 울음을 동반한다.

불안장애(anxiety disorder) 고통스럽고 지속적인 불안을 느끼고 이 때문에 부적응적 행동이 나타나는 정신장애이다.

불안정-저항 애착(ambivalent attachment) 메리 에인스워스의 낯선 상황 실험을 통해 확인할 수 있는 애착 유형 중 하나이다. 부모가 장소를 떠나기 전부터 불안해하며, 장소를 탐색하려 하지 않는다. 부모가 장소를 떠나면 분리불안을 보이며, 돌아와서 접촉을 시도해도 밀어내는 등 양가감정을 보인다. 부모가 일관성 없게 영아를 대하는 경우 생기기 쉽다.

불안정-혼란 애착(disorganized attachment) 메리 에인스워스의 낯선 상황 실험을 통해 확인할 수 있는 애착 유형 중 하나로, 회피 애착과 저항 애착이 결합된 형태로 나타난다. 아이는 부모가 자신의 보호자인지 위협하는 존재인지 혼란스러워하며, 부모가 영아를 학대하는 경우에 생기기 쉽다.

불안정-회피 애착(avoidant attachment) 메리 에인스워스의 낯선 상황 실험을 통해 확인할 수 있는 애착 유형 중 하나이다. 부모가 장소를 떠나도 불안해하지 않고, 돌아와도 반기지 않고 회피한다. 낯선 사람뿐만 아니라 부모에게도 친밀감을 추구하지 않는다. 부모가 영아의 반응에 민감하지 못하고 자기중심적인 경우 생기기 쉽다.

브로카 영역(broca's area) 좌측 전두엽에 위치한 언어 표현을 제어하는 영역을 가리키며, 폴 브로카가 발견하였다.

비네-시몽 지능검사(Binet-Simon intelligence test) 알프레드 비네와 테오도르 시몽이 고안한 세계 최초의 지능검사이다. 프랑스 아동을 대상으로 추리와 문제해결의 다양성을 검사하여 아동의 정신연령을 측정하였다.

빅 5(big five) ☞ 5요인 이론

사단(四端) 유학자 맹자가 말한 인간의 본성에서 우러나오는 네 가지 마음으로 측은지심, 수오지심, 사양지심, 시비지심을 가리킨다.

사이코패스(psychopath) 반복적인 반사회적 행동, 공감 및 죄책감 결여, 충동성, 자기중심성을 특징으로 하는 성격장애 또는 그러한 사람을 가리킨다. 반사회성 성격장애와 달리 공식적인 정신질환 진단에 쓰이는 용어는 아니다.

사회불안장애(social anxiety disorder) 여러 사람 앞에서 말하거나 새로운 사람과 만나는 등의 낯선 사회적 상황에서 불안과 공포를 느끼고 그런 상황을 피하려 하는 불안장애이며, 사회공포증이라고도 한다.

사후판단 편향(hindsight bias) 결과를 알고 난 후에 당연히 그런 결과가 나올 것을 미리 알고 있었다고 착각하는 편향을 말한다.

삽화(episode) 독립적으로 또는 연속되어 나타나는 주목할 만한 사건들을 말한다. 정신질환 관련 증상이 나타나는 사건을 가리킬 때 사용한다.

상호관계 형성 단계(formation of reciprocal relationships) 존 볼비의 애착 이론에서 네 번째 단계이다. 이 단계의 아동은 주 양육자와 떨어져도 곧 돌아온다는 것을 알고 분리불안이 급격히 감소한다. 또한 요구와 설득을 통해 주 양육자와 협상해 자신이 원하는 것을 얻으려 한다.

상황귀인 ☞ 외부귀인

생활연령(chronological age) 신체적·생물학적 나이를 가리키며, 정신연령과 구분하기 위해 사용된다.

선택적 세로토닌 재흡수 억제제(SSRI) 항우울제의 일종으로 신경전달물질인 세로토닌이 재흡수되는 것을 막아 세토로닌의 양을 증가시킨다.

선호 자극(preferred stimulus) 유기체에게 쾌를 유발하는 자극을 말한다. 반대로 불쾌를 유발하는 자극은 혐오 자극이라 한다.

성격(personality) 개인의 독특하고 지속적인 사고, 감정, 행동의 패턴을 말한다.

성격장애(personality disorder) 파괴적이고 지속적이며 경직된 성격 때문에 사회적 기능이 손상되는 정신질환.

성기기(genital stage) 지그문트 프로이트가 주장한 심리성적 발달 단계에서 마지막 다섯 번째 단계. 성적 관심이 가족 밖의 사람을 향하며 성숙한 관계를 형성한다.

성향귀인 ☞ 내부귀인

세로토닌(serotonin) 감정, 기분, 배고픔, 수면 및 각성 등에 관여하는 신경전달물질이다. 세로토닌의 과소 또는 과다분비는 우울증, 성격장애, 불안장애 등과 연관이 있다.

세부특징(feature) 지각 대상을 구성하는 기초적인 특징을 말한다. 각도, 움직임, 색 등이 그 예이다.

소거(extinction) 무조건 자극의 동반 없이 조건 자극이 반복적으로 제시됨으로써 더 이상 조건 반응이 일어나지 않게 되는 것.

수초(myelin sheath) 뉴런의 축색 일부를 감싸 절연 효과를 내는 지방조직이다. 전기 신호가 수초 사이사이를 건너뛰며 전달되므로 수초가 있으면 뉴런의 신호가 더 빠르게 전달된다.

스탠퍼드-비네 검사(Stanford-Binet intelligence scales) 스탠퍼드 대학교의 심리학자 루이스 터먼이 비네의 지능검사를 개량해 만든 지능검사. 최초로 100을 기준으로 하는 IQ를 정의했다.

시냅스(synapse) 신호를 전달하는 뉴런의 축삭말단과 신호를 받는 뉴런의 수상돌기의 접점을 말한다. 엄밀하게는 접해 있지 않고 미세한 틈이 있는데, 이를 시냅스 틈이라고 한다. 시냅스로 신경전달물질이 분출돼 신호가 전달된다.

신경발달장애(neurodevelopmental disorder) 중추신경계의 발달 지연으로 인해 나타나는 발달장애이다. 지적장애와 ADHD 등을 포함한다.

신경전달물질(neurotransmitter) 뉴런의 수용체에 붙어 신호를 전달하는 화학물질. 여러 신경정신과적 장애들이 신경전달물질의 과다 또는 과소와 관련이 있다.

신뢰도(reliability) 검사가 안정적으로 일관된 결과를 산출해내는 정도를 말하며 타당도와 함께 검사를 평가하는 주요 기준이다.

실존주의 치료(existential psychotherapy) 인간은 스스로 자신의 삶에 의미를 부여하고 추구하는 존재라는 실존주의 철학을 바탕으로 하는 심리치료이다.

실험심리학(experimental psychology) 실험 방법을 적용하여 인간의 마음을 탐구하는 심리학의 한 분야이다. 자연과학처럼 객관적 관찰과 측정을 기반으로 실증적 연구를 지향하는 특성을 지닌다. 현대 심리학에서 실험은 거의 모든 분야에서 활용되므로, 실험심리학은 특정한 연구 분야를 지칭한다기보다는 연구방법론에 가깝다.

실험집단(experimental group) 연구자가 효과가 있을 것이라고 예상하는 처치를 하는 집단을 말하며, 반대는 통제집단이다.

심리성적 발달 단계(psychosexual development stages) 지그문트 프로이트가 제시한 성격 발달 단계로서, 쾌락을 느끼는 기관의 변화를 기준으로 구강기-항문기-남근기-잠복기-성기기로 나뉜다.

심리치료(psychotherapy) 정신적, 행동적 문제를 겪고 있는 사람에 대해 심리학의 원리를 적용해 치료하는 것을 가리킨다. 주로 전문적 훈련을 받은 심리치료사와 내담자가 상호작용하는 방식으로 이뤄진다.

ㅇ

아니마(anima) 카를 융이 제시한 원형 중 하나로, 남성의 무의식적 인격 속의 여성적 측면을 말한다.

아니무스(animus) 카를 융이 제시한 원형 중 하나로, 여성의 무의식적 인격 속 남성적 측면을 말한다.

아동기 붕괴성 장애(childhood disintegrative disorder) 생후 2~3년까지는 정상적인 발달을 보이다가 3~4세 때부터 언어 기능, 사회적 기능 등에서 심한 퇴행을 보이는 장애를 말한다.

아세틸콜린(acetylcholine) 작용되는 부위에 따라 여러 역할을 하는 신경전달물질. 근육 활동, 학습, 기억 등에 영향을 미친다. 생산이 저하되면 알츠하이머병이 발병한다.

아스퍼거 증후군(Asperger syndrome) 신경발달장애의 일종으로 사회적 상호작용과 비언어적 의사소통에 결함이 있지만, 다른 발달장애에 비해 인지발달과 언어적 의사소통의 지연은 없거나 적다.

안정애착(secure attachment) 메리 에인스워스의 낯선 상황 실험을 통해 확인할 수 있는 애착 유형 중 하나. 낯선 사람보다 부모를 뚜렷하게 선호하고, 부모가 있을 때 적극적으로 주변을 탐색한다. 부모가 나가더라도 대안적인 위안을 찾고 능동적인 탐색을 하며, 부모가 돌아오면 반기고 접촉하면서 쉽게 편안해한다. 주로 영아의 요구에 즉각적으로 반응하며 안정적인 상호작용을 해오는 부모와 형성된다.

암묵적 기억(implicit memory) 장기 기억의 하나로 무의식적으로 발현되어 현재 행동 수행에 영향을 미치는 기억을 말한다. 내현 기억 또는 비서술 기억이라고도 한다.

애착(attachment) 영유아가 형성하는 주 양육자와의 강한 정서적 유대를 말한다.

애착 단계(clear-cut attachment) 존 볼비의 애착 이론에 따른 세 번째 단계이다. 주 양육자에 대한 애착을 분명히 드러내며 곁에 있으려 하고, 주 양육자와 떨어져 있으면 분리불안을 보인다.

애착 이론(attachment theory) 초기 발달 단계에서 애착 형성 및 애착이 영향을 주는 인간관계를 설명하는 이론이다.

애착 전 단계(preattachment phase) 존 볼비의 애착 이론에 따른 첫 번째 단계이다. 영아는 보호자를 감각적으로 인식하나 애착이 형성되지 않아 낯선 사람과 남겨져도 크게 개의치 않는다.

애착 형성 단계(attachment-in-making phase) 존 볼비의 애착 이론에 따른 두 번째 단계이다. 영아는 친숙한 사람과 낯선 사람을 구분하여 다르게 반응하기 시작하며, 주 양육자를 다른 사람보다 더 선호한다. 애착이 형성 중에 있기 때문에 주 양육자와 떨어져도 분리불안을 보이지는 않는다.

약물치료(pharmacotherapy) 신경계에 작용하는 약물을 처방하여 심리적인 문제를 해결하는 치료방법이다. 항불안제, 항우울제, 기분안

정제 등의 약물이 있다.

양극성 장애(bipolar disorder) 우울증 삽화와 조증 삽화가 번갈아 나타나는 기분장애이다. 조울증이라고도 한다.

에니악(ENIAC) 세계 최초의 전자식 범용 컴퓨터이다. 1946년 미국 펜실베이니아 대학에 설치되었으며, 18,000여 개의 진공관이 사용됐고, 무게는 30톤이었다.

연극성 성격장애(histrionic personality disorder) 지속적으로 타인의 관심을 끌려 하며, 지나치게 극적이고 과장된 행동을 하는 성격장애이다. 부적절하게 유혹하는 꾸밈이나 언행을 보이고 비판이나 거절에 과민 반응을 보인다.

연속 강화(continuous reinforcement) 조작적 조건 형성에서 정해진 반응을 보일 때마다 매번 강화물을 제공하는 강화 방식을 말한다.

연속성의 원리(law of continuity) 게슈탈트 심리학에서 제시한 지각의 원리들 중 하나이며, 불연속적인 낱낱으로 보지 않고 연속적인 패턴으로 인식하는 것을 가리킨다.

연합학습(associative learning) 사건들이 함께 발생해서 일어나는 학습이다. 2개의 자극이 연합되기도 하며, 특정 반응과 그에 따른 결과가 연합되기도 한다.

와해된 행동(disorganized behavior) 상황에 맞지 않는 매우 특이하고 비합리적인 행동을 가리킨다. 옷을 입지 않거나 매우 부적절한 옷을 입는 것, 특별한 이유 없이 갑자기 소리를 지르거나 웃는 것 등이 그 예이다.

완결성의 원리(law of closure) 게슈탈트 심리학에서 제시한 지각의 원리들 중 하나이며, 자연스러운 형태를 형성하도록 끊어진 부분을 채워 완전한 전체로 인식하는 것.

외부귀인(situational attribution) 어떤 사람의 행동에 대해 외부 요인, 즉 그 사람이 처한 상황에 원인이 있다고 설명하는 귀인 방식이다. = 상황귀인.

요구특성(demand characteristics) 실험 참가자가 실험 목적이나 연구자의 의도를 추측해서 그에 맞춰 반응하는 현상을 말한다.

우울증(depressive disorder) 우울감과 활동의 저하로 일상생활에 지장이 생기는 기분장애인 주요 우울장애를 말한다.

원초아(id) 지그문트 프로이트가 제시한 성격 구조에서 원초적 쾌락을 추구하는 본능적 요소를 말한다.

원형(archetype) 카를 융의 분석심리학에서 제안한 개념으로, 집단무의식에서 도출되는 보편적이고 원초적인 상징이나 심상을 일컫는다.

웩슬러 지능검사(Wechsler scale of intelligence) 데이비드 웩슬러가 개발한 지능검사이며 개인의 지능을 정밀하게 측정하는 용도로 가장 널리 인정되고 있다. 검사는 전문가가 1:1로 진행하며 1~2시간이 소요된다. 성인용, 아동용, 유아용으로 구분된다.

유사성의 원리(law of similarity) 게슈탈트 심리학에서 제시한 지각의 원리들 중 하나이며, 유사한 모양의 것들을 서로 묶어서 지각하는 것을 가리킨다.

의식(consciousness) 간단히 정의하면 경험에 대한 자각을 말한다. 그러나 그 엄밀한 정체와 정확한 메커니즘은 아직 명확히 밝혀지지 않았으며, 철학, 심리학, 신경과학에서 논쟁의 대상이 되고 있다.

의존성 성격장애(dependent personality disorder) 타인의 돌봄에 과도하게 의존하는 성격장애이다. 책임져야 하는 상황을 두려워하며, 타인의 보살핌을 받기 위해서 자발적으로 복종하는 모습을 보인다.

이중맹검법(double-blind trial) 실험을 수행할 때 편향이 일어나는 것을 막기 위해 연구 참가자와 연구 수행자 모두에게 특정한 정보를 차단하는 연구 진행 방식을 말한다.

인간 중심 치료(person-centered therapy) 칼 로저스가 1940년대에 개발한 심리치료 방법이다. 인본주의 철학을 바탕으로 내담자의 생각과 감정을 존중하며, 스스로 개선되려는 인간의 자기실현 경향성을 신뢰하는 것을 특징으로 한다.

인본주의(humanism) 인간의 존재를 그 자체로 가치 있다고 여기며, 인간의 잠재력을 신뢰하고, 개인의 능력과 성품, 소망과 행복을 중시하는 철학적 태도를 말한다.

인본주의적 치료(humanistic therapy) 인간의 잠재력을 강조하고 치료자의 해석이나 판단 없이 환자 스스로의 통찰을 통해 심리적 문제를 해소할 수 있게 도와주는 심리치료법을 말하며, 인간 중심 상담이 대표적이다.

인지(cognition) 인지라는 단어는 앎을 뜻한다. 심리학에서 인지는 사고, 기억, 추리, 상상, 의사결정 등 정보 처리 및 지식과 관련된 거의 모든 정신적 활동을 포괄하는 개념이다.

인지 편향(cognitive bias) 논리적 추론에 기반하지 않은 사고의 습관을 가리킨다. 인지 자원을 덜 소모하면서 빠른 결정을 내려야 할 때 도움이 될 수도 있지만 비논리적인 결론을 이끌어낼 위험이 있다.

인지부조화 이론(cognitive dissonance theory) 사람은 내적 일관성을 추구하므로 자신의 인지와 행동이 일치하지 않을 때 불편함을 느끼며, 그런 인지부조화를 해소하기 위해 행동에

인지를 맞추어간다는 이론이다.

인지주의 혁명(cognitive revolution) 인지 혁명이라고도 한다. 1950년대 일어난 지적 운동으로서 인지심리학 및 인지과학의 탄생과 발전을 추동했다. 인지주의란 인간의 내면에서 일어나는 인지 작용을 정보 처리적 관점에서 해석하며 연구하고자 하는 접근을 말한다. 심리학이 직접 관찰 가능한 행동만을 연구하는 행동주의 사조로부터 벗어나 연구 대상과 방법을 확장시키는 계기가 되었다.

인지치료(cognitive therapy) 미국의 정신과의사 아론 벡이 개발한 심리치료법이다. 정신적 문제를 해결하는 데 있어 잘못된 믿음과 왜곡된 사고를 교정하는 것을 핵심으로 한다.

인지행동치료(cognitive behavioral therapy) 인지치료와 행동치료를 결합한 치료법이며, 심리치료의 여러 접근법 중 가장 널리 사용되고 있다. 행동과 인지를 모두 변화시키는 것을 목표로 하며, 체계적 계획과 점검을 통해 개선해나가는 것을 특징으로 한다.

인출(retrieval) 기억 저장소에서 정보를 끌어내는 것을 말한다.

일반지능(general intelligence) 언어 능력, 수리 능력 등 서로 다른 능력의 기저에 작용한다고 여겨지는 지적 능력을 말하며, g 요인(g factor)이라고도 한다.

일차시각피질(primary visual cortex) 대뇌의 시각피질은 후두엽에 위치하는데, 이 중에서 시각 정보를 가장 먼저 처리하는 영역을 일차시각피질, 줄여서 V1이라 한다.

자기공명영상(MRI) 자기장 속에 놓인 원자핵이

특정 주파수의 전자기파와 공명하는 현상을 이용해 신체 조직 구조를 비침입적으로 측정하고, 이를 컴퓨터를 통해 재구성하여 영상화하는 기법이다.

자기기여적 편향(self-serving bias) 자신이 성공할 경우에는 성향귀인, 실패할 경우엔 상황귀인을 하는 식으로 자신과 관련된 결과에 대해서는 자신에게 유리하게 귀인하는 편향을 말한다.

자기애성 성격장애(narcissistic personality disorder) 자신의 가치와 능력을 과대평가하고, 남들보다 우월하다고 생각하며, 타인을 평가절하하는 성격장애이다.

자발적 회복(spontaneous recovery) 고전적 조건 형성에서 관찰되는 현상이다. 소거 후 아무 자극도 제시하지 않는 휴지기를 거친 다음 다시 조건 자극을 단독으로 제시했을 때 조건 반응이 나타나는 현상을 말한다.

자아(ego) 지그문트 프로이트의 성격 구조 중에서 현실의 요구를 중재하는 성격의 집행자를 가리킨다. 현실원리에 따라 작동하며, 장기적 즐거움을 추구하면서 원초아의 충동을 만족시키려 한다.

자아심리학(ego psychology) 성격 구조 중에서 자아의 역할을 강조하는 정신분석학의 한 학파이다. 지그문트 프로이트가 무의식의 역할을 강조한 것과 비교해 자아심리학에선 자아의 자율성과 현실 적응 기능을 강조한다.

자유연상(free association) 지그문트 프로이트가 개발한 기법으로 이완 상태에서 떠오르는 것들을 자유롭게 이야기하도록 하면서 중요한 기억을 탐색하는 치료 기법이다.

자폐스펙트럼장애(autism spectrum disorder) DSM-5에 규정돼 있는 신경발달장애로 기존의 아스퍼거 증후군과 자폐증 등을 포함한다. 발달의 지연과 사회적 의사소통 기능의 결손을 특징으로 하나 환자마다 증상의 차이가 커서 스펙트럼장애로 규정되었다.

자폐증(autism) 자폐스펙트럼장애의 한 가지 유형으로 언어 발달과 지능이 낮으며, 특정 행동을 반복적으로 하거나 고정된 대상에게만 흥미를 느끼는 등의 특징을 보인다.

작업 기억(working memory) 정보를 일시적으로 저장하고 조작할 수 있는 기억 체계를 가리킨다. 단기 저장 공간이라는 점에서 단기 기억과 비슷하지만, 작업 기억은 저장에 더해 정보의 조작 기능까지 포함하는 개념이다.

작은 사람 논증(homunculus argument) 개념을 설명함에 있어 실질적으로 그와 같은 개념으로 다시 설명하는 오류의 한 종류이다. 예를 들어, 사람이 본다는 것이 무엇인가를 설명함에 있어 머릿속에 작은 사람이 있고 그것이 본다고 설명하는 식이다. '호문쿨루스(homunculus)'는 라틴어로 '작은 사람'이라는 뜻이다.

잠복기(latency stage) 지그문트 프로이트가 주장한 심리성적 발달 단계의 네 번째 단계로, 성적 욕구가 겉으로 드러나지 않고 잠복하고 있는 단계이다.

잠재학습(latent learning) 반복되는 사건의 경험을 통해 학습은 일어났지만, 학습의 결과를 유도할 유인물이 없어 겉으로 드러나지 않는 학습을 말한다.

전경-배경의 원리(figure ground perception) 게슈탈트 심리학에서 제시한 지각의 원리들 중 하나로, 시야의 시각 자극을 배경을 바탕으로 전경에 사물이 존재하는 구성으로 지각하는 것을 가리킨다.

전의식(preconscious) 지그문트 프로이트의 정신분석학에서 유래한 개념으로, 통상적으로는 의식되지 않지만 노력하면 의식할 수 있는 기억이 저장돼 있다고 여겨지는 영역이다.

전이(transference) 정신분석치료에서 환자가 다른 관계와 연계된 정서를 치료자에게 투영하는 것을 가리킨다.

전조작기(preoperational stage) 장 피아제가 생각한 인지발달 단계 중 두 번째 단계로, 언어와 심상을 사용해 표현하는 능력이 현저히 발달하지만 논리적인 사고를 하지는 못하는 단계이다.

절차 기억(procedural memory) 암묵적 기억의 일종으로 신체적, 감각적 반복을 통해 습득된다. 운동 기술, 악기 연주 기술 등이 대표적이다.

점화(priming) 어떤 자극에 노출되었을 때 의식적인 자각이 없어도 이후의 반응에 영향을 미치는 현상을 말한다. '의사'라는 단어에 노출된 후 '운동장'보다는 '간호사'를 더 빨리 지각하는 것이 한 예이다.

정보 처리 모형(information processing model) 인간의 지각, 학습, 기억 등을 정보 처리의 단계와 방식으로 설명하는 모형을 말한다. 컴퓨터가 데이터를 처리하는 방식을 설명하는 모형과 유사성이 있으나 완전히 같지는 않다.

정서(emotion) 어떤 사건이나 상황 등에 대해 생리적 각성, 표현, 행동, 의식 경험 등으로 즉각적으로 나타나는 유기체의 감정 반응을 가리킨다.

정신분석치료(psychodynamic psychotherapy) 지그문트 프로이트가 창시한 정신분석학을 이론적 기반으로 삼아 정신질환과 심리적 문제를 치료하는 기법을 가리킨다.

정신역동적 관점(psychodynamic perspective) 정신분석학을 이론적 기반으로 하는 심리치료

적 접근을 포괄적으로 지칭한다.

정신연령(mental age) 지능검사에서 지적 능력의 수준을 연령으로 환산해 표현한 것이다.

정신질환(mental illness) 개인의 인지, 정서, 행동과 관련해 심각한 이상이 나타나 일상생활의 정상적 기능 수행을 방해하는 질환이다.

조건 반응(conditioned response) 고전적 조건형성을 거친 후 무조건 자극의 동반 없이도 조건 자극에 의해서 유발되는 반응이다.

조건 자극(conditioned stimulus) 고전적 조건형성에서 무조건 자극과의 연합학습을 통해 반응을 유도하게 만들어진 자극이다. 학습이 되기 전에는 중립 자극이었다.

조작적 정의(operational definition) 연구 변수를 객관적 측정이 가능한 형식으로 정의하는 것을 말한다. 자연과학과 달리 심리학 연구의 대상이 되는 개념들 중에는 일반적으로 조작적 정의가 되어 있지 않은 경우가 많아 연구자가 직접 조작적 정의를 해야 한다.

조작적 조건 형성(operant conditioning) 어떤 반응의 결과로 강화 또는 처벌이 뒤따르도록 함으로써 반응의 빈도를 조작하는 학습 유형을 지칭한다.

조절(accommodation) 장 피아제의 인지발달이론에서, 새로운 정보를 기존의 도식으로 설명할 수 없을 때 새로운 정보에 맞춰 기존 도식을 수정하는 것을 말한다.

조증(mania) 지나친 고양감으로 과잉행동과 과도한 낙관을 보이는 상태로 양극성 장애의 증상 중 하나이다.

조현병(schizophrenia) 비합리적이고 현실과 유리된 사고, 상황에 맞지 않는 정서 표현과 행동, 환각 등을 보이는 정신질환이다. 10대 후반에서 20대에 발병하며 원인은 아직 명확히

밝혀지지 않았다.

조현성 성격장애(schizoid personality disorder) 대인관계 및 사회 활동에 대한 흥미가 없고, 냉정한 태도로 일관하는 성격장애이다.

조현형 성격장애(schizotypal personality disorder) 사회불안, 사고장애, 마술적이거나 편집적인 사고, 현실감 소실, 망상 등이 나타나는 성격장애이다.

주의(attention) 외부에서 무차별적으로 입력되는 수많은 자극과 정보들 중에서 특정한 정보나 자극에 집중하여 의식적으로 자각하는 인지 기능이다.

주의력결핍과잉행동장애(attention-deficit/hyperactivity disorder) 과도한 부주의, 과잉행동, 충동성을 주된 증상으로 하는 심리장애이다. 보통 아동에게서 나타나며, 성인의 경우 과잉행동보단 주의력 결핍을 주된 특징으로 한다. = ADHD

준거 타당도(criterion-related validity) 검사 결과를 이미 타당도가 입증된 다른 준거와 비교하는 방식의 타당도이다.

중립 자극(neutral stimulus) 고전적 조건 형성에서 무조건 자극과 연합되기 이전에는 반응을 유발하지 않는 자극을 말한다.

지각(perception) 감각기관에 입력된 정보로부터 대상의 상을 형성하고 의식하게 되는 것 또는 그러한 처리 과정을 가리킨다.

집단무의식(collective unconscious) 인류의 보편적인 심리사회적 유산이 개인의 무의식 속에 쌓여 있다는 개념으로 카를 융이 제시하였다. 전 인류가 공통적으로 지니고 있는 영적 관심사와 종교, 신화 등을 설명하는 틀로 쓰이기도 한다.

처벌(punishment) 조작적 조건 형성에서 강화와 반대로 어떤 반응의 빈도를 감소시키는 사건이다. 신속하고 확실한 처벌은 원하지 않는 행동을 강력하게 제한할 수 있다. 하지만 처벌은 원하지 않는 행동을 감소시킬 뿐 원하는 행동의 증진을 이끌어낼 수 없고, 공포나 회피, 공격성 같은 부작용을 유발할 수 있다.

체계적 둔감화 기법(systematic desensitization) 편하고 즐거운 이완 상태와 점차 강해지는 불안 상태를 연합시키는 치료 방법. 불안감을 느끼는 사건이나 대상의 가장 낮은 수준부터 가장 높은 수준까지 이완 상태와 연합하여 조건을 형성하면서 문제를 해결하게 된다.

초자아(superego) 프로이트가 제안한 성격 구조에서 도덕적 판단과 이상적 행동을 제시하는 요소이다. 내면화된 부모의 가치관에 해당하고, 행위를 평가하여 긍정적 감정이나 부정적 감정을 만들어낸다.

추론 통계(inferential statistics) 표본을 바탕으로 모집단의 성질을 추론하고 가설을 검증하는 통계를 말한다.

추상체(cone) 원뿔 모양으로 생겨 원추체 또는 원뿔세포라고도 한다. 망막의 중심부에 집중되어 있고, 밝은 환경에서 기능하며, 세 가지 추상체의 반응 조합으로 색 감각을 일으킨다.

타당도(validity) 검사가 측정하고자 하는 대상을 얼마나 정확하게 측정하고 있는가를 말한다. 신뢰도와 타당도는 검사를 평가함에 있어 가장 핵심적인 기준이 된다.

태도(attitude) 특정한 사람, 사물, 사건에 대해 개인이 지닌 마음의 상태. 대상에 대한 인지적, 정서적, 행동적 요소로 구성된다.

통제집단(control group) 어떤 처치가 효과가 있는지를 알기 위해서는 그 처치를 받은 집단과 받지 않은 집단의 결과를 비교해야 한다. 이때 처치를 받지 않는 집단을 통제집단이라고 한다.

투사 검사(projective test) 모호한 검사 자극에 대한 개인의 반응을 분석해 심리 상태 및 성격을 파악하는 검사를 말한다. 로르샤흐 검사, H-T-P 검사, 문장 완성 검사 등이 있다.

특정공포증(specific phobia) 특정한 상황 또는 대상에 대해 지속적이고 비합리적인 공포를 느끼며, 공포 대상을 피하기 위해 비정상적인 행위나 시도를 반복하는 불안장애이다.

특질(trait) 개인을 다른 사람들과 구별되도록 하는 일관적인 심리적 경향성을 말한다. 특질 이론에 의하면 개인의 성격은 여러 특질들의 조합으로 기술될 수 있다.

ㅍ

편집성 성격장애(paranoid personality disorder) 타인에 대한 전반적인 불신감과 의심을 특징으로 하는 성격장애이다. 타인이 악의를 갖고 자신에게 피해를 준다고 생각한다.

ㅎ

학습(learning) 경험을 통해 행동이 변화하는 것을 말한다.

합리적 정서행동치료(rational emotive behavior therapy) 미국의 심리학자 앨버트 엘리스가 개발한 치료법이다. 인간은 객관적 사실 자체 때문이 아니라 사실에 대한 자신의 관점 때문에 문제가 되는 정서와 행동을 일으킨다고 전제한다. 따라서 사건을 바라보는 관점을 합리적으로 전환하는 것이 이 치료법의 핵심이 된다.

항문기(anal stage) 지그문트 프로이트가 주장한 심리성적 발달 단계의 두 번째 단계로서 쾌락이 항문에 집중되며, 배설물을 참거나 배출하는 데에서 쾌감을 얻는다. 이 시기 배변훈련에 대한 반응이 이후 성격에 영향을 미치며, 항문기에 고착될 경우 고집불통, 구두쇠 등의 특성이 나타날 수 있다.

해마(hippocampus) 뇌 측두엽 안쪽 변연계에 있는 기관이며, 장기 기억의 저장에서 핵심적인 기능을 한다.

해부학적 MRI(anatomical MRI) MRI 기계를 이용해 신체의 내부 구조를 정밀하게 영상화하는 것이다.

행동주의(behaviorism) 심리학의 대상은 의식이 아니라 눈에 보이고 측정 가능한 행동이 되어야 한다고 주장한 심리학의 사조이다. J. B. 왓슨이 주창하고 B. F. 스키너 때 전성기를 누리며 20세기 전반 미국 심리학을 지배했다. 행동주의의 영향으로 심리학을 행동과학(behavioral science)이라고 부르기도 한다.

행동치료(behavior therapy) 학습심리학의 조건 형성 원리를 활용하여 문제를 일으키는 행동을 제거하는 심리치료법이다.

헤모글로빈(hemoglobin) 적혈구에 있는 철을 포함하여 붉은색을 띠는 단백질이다. 포함하고 있는 철이 산소와 결합하여 신체에 산소를 공급한다.

형식적 조작기(formal operational stage) 피아제가 생각한 인지발달 단계 중 네 번째 단계로, 상상, 가정, 상징 등 현실이 아닌 경험과 사고 등에 대해서도 논리적인 사고를 할 수 있는 단계.

회피성 성격장애(avoidant personality disorder) 거절에 매우 예민하여 사회적으로 무기력한 모습을 보이는 성격장애이다. 친밀한 관계를 원하지만, 거부나 관계의 상실에 대한 두려움이 커서 쉽게 다가가지 않는다.

획득(acquisition) 학습을 통해 일어나는 행동상의 변화를 가리킨다. 고전적 조건 형성에서는 중립 자극이 조건 반응을 유도하게 된 상태를 말한다.

효과의 법칙(law of effect) 행동이 유발한 결과가 이후 그 행동의 빈도를 조절한다는 법칙이다. 손다이크가 정립한 법칙으로 자극이 아니라 행동(반응)의 결과(효과)가 행동을 조절한다는 점이 특징이다.

후광효과(halo effect) 어떤 사물이나 사람을 판단할 때 대상의 부분적인 속성에 대한 인상이 나머지 속성에 대한 평가에 영향을 미치는 효과이다.

휴리스틱(heuristic) 빠르게 의사결정을 내리기 위해 사용하는 단순한 사고 전략을 말한다. 시간과 노력이 덜 들지만 오류가 있어 정확하지 않다. = 발견법, 어림법

히스테리(hysteria) 정신적 원인에 의해 일시적으로 일어나는, 제어할 수 없는 흥분 상태를 통틀어 이르는 말이다. 19세기 유럽에서 일군의 의사들은 히스테리 치료에 몰두했으며, 프로이트 역시 그중 한 사람이었다.

인명

용어

ㄱ

ㄴ